一問一答シリーズ

一問一答・
新しい
仲裁・調停法制

法務省民事局参事官
福田 敦
編著

商事法務

●はしがき

　「仲裁法の一部を改正する法律」（令和5年法律第15号）、「調停による国際的な和解合意に関する国際連合条約の実施に関する法律」（令和5年法律第16号）及び「裁判外紛争解決手続の利用の促進に関する法律の一部を改正する法律」（令和5年法律第17号）が、令和5年4月21日、第211回国会（常会）において成立し、いずれも、令和6年4月1日から全面的に施行されました。

　これらの法律は、経済取引の国際化の進展等の情勢の変化に鑑み、裁判外の民間ADR（仲裁・調停）の利用を一層促進し、紛争の実情に即した迅速、適正かつ実効的な解決を図る観点から、最新の国際水準に対応する形で一体的に強化しようとするものです。詳細は本編に譲りますが、今般の法整備によって、我が国の仲裁法はUNCITRAL（国際連合国際商取引法委員会）が策定した最新の「国際商事仲裁モデル法」に準拠したものとなったほか、我が国は「調停による国際的な和解合意に関する国際連合条約」（略称：調停に関するシンガポール条約）の12番目の締約国となるなど、民間ADRに関し、国際協調的かつ先進的な法制度が整いました。また、国内の民間ADRとの関係においても、長きにわたり検討課題とされていた調停による和解合意に執行力を付与する制度が創設されるに至りました。

　このように、今般の法整備は、我が国において民間ADRを利用するインセンティブを高めるものとして、その意義は大きいものと考えられます。そして、これを一つの転機として、我が国においても、仲裁・調停をはじめとする民間ADRが、国際、国内の案件を問わずより広く活用され、近い将来、真の意味で裁判と並ぶ紛争解決の選択肢として機能する日が来ることを切に願うところです。

　本書は、そのような願いを込め、また、ADRに関する実務や研究に携わる多くの方々に今般の法整備を理解していただくことを目指して、その趣旨及び内容について、一問一答形式により、分かりやすく解説したものです。本書の執筆は、編著者のほか、法務省民事局において立案事務に従事した藤田直規、河原崇人、吉川慶が分担して行い、かつて同局に在籍し、立案準備に大きく貢献した鈴木小夏、石川紘紹をはじめ関係する多くの方からいただ

いた助言等も踏まえ、編著者が全体の調整を行いました。もとより、本書は、編著者らが個人の立場で執筆したものであり、意見や評価にわたる部分は編著者らの個人的な見解を述べたものにすぎませんが、本書が関係各方面において幅広く活用され、ADRに関する実務や学説が一層深化、発展することの一助となれば幸甚です。

　今般整備された3つの法律は、法制審議会において答申された「仲裁法の改正に関する要綱」及び「調停による和解合意に執行力を付与し得る制度の創設等に関する要綱」に基づき立案されたものであり、本書の内容も、法制審議会仲裁法制部会の議論等によるところが大きいといえます。この場をお借りして、改めて、同部会の委員、幹事、関係官をはじめとする数多くの関係各位から賜った多大なる御尽力、御協力に心より感謝を申し上げます。また、本書の刊行に当たっては、株式会社商事法務の辻有里香氏、中崎祥子氏に大変お世話になりました。記して謝意を申し上げます。

　最後に、法制審議会仲裁法制部会における調査審議の過程では、急逝された故古田啓昌氏から温かい御指導をいただきました。改めて古田氏の御冥福をお祈りしつつ、謹んで古田氏に本書を捧げたいと思います。

令和6年7月

法務省民事局参事官　福田　敦

●凡　例

　本書中、法令の条文等を引用する場合に用いた略語は、次のとおりである。

仲裁法改正法	仲裁法の一部を改正する法律（令和 5 年法律第 15 号）
仲裁法	仲裁法（平成 15 年法律第 138 号）
	※仲裁法改正法による改正のない仲裁法の規定又は同改正に関係なく規定を示す場合
新（旧）仲裁法	仲裁法改正法による改正後（前）の仲裁法
条約実施法	調停による国際的な和解合意に関する国際連合条約の実施に関する法律（令和 5 年法律第 16 号）
ADR 法改正法	裁判外紛争解決手続の利用の促進に関する法律の一部を改正する法律（令和 5 年法律第 17 号）
ADR 法	裁判外紛争解決手続の利用の促進に関する法律（平成 16 年法律第 151 号）
	※ADR 法改正法による改正のない ADR 法の規定又は同改正に関係なく規定を示す場合
新（旧）ADR 法	ADR 法改正法による改正後（前）の ADR 法
民整法	民事関係手続等における情報通信技術の活用等の推進を図るための関係法律の整備に関する法律（令和 5 年法律第 53 号）
UNCITRAL	国際連合国際商取引法委員会（United Nations Commission on International Trade Law）
モデル法	UNCITRAL が 1985 年に策定した国際商事仲裁モデル法（UNCITRAL Model Law on International Commercial Arbitration）
改正モデル法	2006 年改正後のモデル法
シンガポール条約	調停による国際的な和解合意に関する国際連合条約（令和 5 年条約第 12 号）（UNITED NATIONS CONVENTION ON INTERNATIONAL SETTLEMENT AGREEMENTS RESULTING FROM MEDIATION）
ニューヨーク条約	外国仲裁判断の承認及び執行に関する条約（昭和 36 年条約第 10 号）（CONVENTION ON THE RECOGNITION AND ENFORCEMENT OF FOREIGN ARBITRAL AWARDS）

一問一答　新しい仲裁・調停法制

もくじ

第3章　条約実施法の制定関係

第4章　ADR法の一部改正関係

第 5 章　その他（経過措置・他法の整備等）

第1編

一問一答

第1章 総　論

Q1 仲裁・調停とは、どのようなものか。また、国際商事紛争の解決手段として、仲裁・調停が活用されている理由は、どのようなものか。

A

1　仲裁

仲裁とは、裁判外紛争解決手続（Alternative Dispute Resolution）の1つであり、民事上の紛争について、当事者がその解決を裁判所以外の第三者である仲裁人に委ね、仲裁人の判断（仲裁判断）に終局的に服する旨の合意（仲裁合意）をし、その合意に基づき紛争を解決する手続である。仲裁には、仲裁手続を管理し、仲裁手続に必要な役務を提供する常設機関（仲裁機関）(注1) を利用する機関仲裁と、仲裁機関が関与しないアド・ホック仲裁とがある。

仲裁合意がある場合には、裁判所に訴えを提起することはできない（仲裁法第14条第1項）。しかしながら、仲裁には、訴訟と比較して、主に、次のような利点があるとされている。すなわち、①当事者において、事件の性質に応じた中立的・専門的な第三者を仲裁人に選任することができ、実情に即した適正な紛争の解決が可能であること、②仲裁手続の規則や使用言語についても、当事者間の合意により柔軟に設定することができること、③非公開の手続であるため、企業の秘密や評判を守ることができること、④ニューヨーク条約(注2) の枠組みにより、仲裁判断については、国境を越えた強制執行が容易であること等が挙げられる。

これらの利点があることから、仲裁は、国際商事紛争の解決手段として、グローバル・スタンダードとなっているものと考えられる。

2　調停

調停とは、第三者（調停人）による仲介等の援助を得ながら、紛争当事者間の話合いにより、紛争の解決に向けた合意の成立を目指す手続である。仲

裁と異なり、第三者が判断を示すことはなく、また、第三者が和解案を提示した場合であっても、当事者はその和解案に拘束されず、その和解案に応じるかどうかは飽くまで当事者の自由である。調停の利点としては、①非公開で手続が進められること、②仲裁と比較してもより短期間に、かつ柔軟な解決を図ることができること、③当事者双方が納得の上で紛争を解決することができるため、将来に向けた取引関係を維持しやすいこと等が指摘されている。

　我が国で調停といえば、裁判所における民事調停・家事調停が想起されるが、ここにいう調停とは、裁判所外の調停、すなわち民間調停をいう。例えば、ADR法に基づく法務大臣の認証を受けた民間事業者（認証紛争解決事業者。同事業者による調停手続（認証紛争解決手続）は「かいけつサポート」という愛称が用いられている。）による調停がこれに当たる。近年は、ウェブ会議システムやチャット機能等のデジタル技術を活用してオンライン上で手続を行う事業者もある（ODR。Online Dispute Resolution の略称）。

3　仲裁と調停との相互利用

　従来、国際商事紛争の解決手続として仲裁が利用されてきたが、近年、国際仲裁の複雑化、長期化を背景に、より簡易・迅速・低廉で、柔軟な手続を実施することが可能であるとして、国際調停が世界的に注目を集めている。

　代表的な利用の方法としては、仲裁手続が開始され、当事者間において互いの主張や証拠が開示された段階で、話合いによる解決を試みるため、調停に付されるというもの（Arb-Med-Arb）[注3]や、仲裁手続を開始する前や仲裁人の選任手続中の時間を利用して調停を行い、そこで和解が成立しない場合には、仲裁手続に進むというもの（Med-Arb）がある。

　前者については、例えば、国際仲裁の利用が活発なシンガポールの国際仲裁センター（SIAC）と国際調停センター（SIMC）は、仲裁から調停に移行するArb-Med-Arbを共同して推奨しており、当該手続を行うためのモデル条項を公表している。

　また、後者については、基本的に、仲裁人は和解を勧告する立場にはなく、第三者に話合いを仲介してもらうためには、当事者自らが和解の契機を作る必要があることから、契約書を作成する時点において、仲裁条項のみな

らず、調停を含むハイブリッド型の手続を利用する旨の条項を設けておくことにより、紛争発生後における和解の契機を確保することが考えられる。

（注1）　国際的に著名な仲裁機関としては、国際商業会議所（ICC）、ロンドン国際仲裁裁判所（LCIA）、シンガポール国際仲裁センター（SIAC）等がある。また、我が国における主な仲裁機関としては、日本商事仲裁協会（JCAA）、日本海運集会所、弁護士会が運営する紛争解決センター等の民間型の仲裁機関と、建設工事紛争審査会、公害等調整委員会、国民生活センター紛争解決委員会等の行政型の仲裁機関とがある。

（注2）　我が国は、昭和36年にニューヨーク条約を締結しており、仲裁法第45条（仲裁判断の承認）及び第46条（仲裁判断の執行決定）はニューヨーク条約に対応した規定である。

（注3）　仲裁手続に付された民事上の紛争について、調停手続において当事者間に和解が成立し、かつ、当事者双方の申立てがあるときは、仲裁廷は、当該和解における合意を内容とする決定をすることができ、この決定は仲裁判断としての効力を有する（仲裁法第38条第1項及び第2項）。

Q2　今回、仲裁法の見直しがされた理由は、どのようなものか。

A

1　我が国の仲裁法

　我が国の仲裁法は、司法制度改革の一環として、平成15年に制定された。それまで、仲裁手続に関しては、「公示催告手続及ビ仲裁手続ニ関スル法律」（明治23年法律第29号。現在廃止）第8編に規定が設けられていたが、この法律は、制定から110年以上にわたり実質的な改正がされていなかった。そこで、この法律を現代化・国際化する観点から改正作業が進められた結果、我が国の仲裁法は、UNCITRAL^(注)が策定したモデル法に準拠する形で整備されたが、その制定過程である平成15年7月24日参議院法務委員会における仲裁法案に対する附帯決議では、「今後の国際的動向等を踏まえて必要に応じて所要の見直しを行う」ことが指摘されていた。それから程なくして、平成18年にモデル法が一部改正され、仲裁廷による暫定保全措置の定義（類型）、発令要件、執行等に関する規律が設けられるに至ったが、我が国の仲裁法においては、これに対応する規律は整備されていなかった。

2　国際仲裁の活性化

　経済取引の国際化の進展等により、仲裁は、国際商事紛争の解決手段としてグローバル・スタンダードとなっているにもかかわらず、我が国における国際仲裁の利用件数は、諸外国と比較して低調であることから、国際仲裁の活性化が政府全体で取り組む重要課題であるとされてきた。

　まず、「経済財政運営と改革の基本方針2017〜人材への投資を通じた生産性向上〜」（骨太方針。平成29年6月9日閣議決定）において、国際仲裁の活性化に向けた基盤整備のための取組を進めることが盛り込まれた。これを受けて、内閣官房副長官補を議長とする「国際仲裁の活性化に向けた関係府省連絡会議」が開催され、その中間取りまとめである「国際仲裁の活性化に向けて考えられる施策」（平成30年4月25日）において、国内外の企業等に対する意識啓発・広報や仲裁に携わる人材の育成等の基盤整備に関する施策を進めることと併せて、当事者が仲裁地を選択する際、その国の法制度の在り

方は重大な関心事であり、最新の国際水準に見合った法制度を備えていることは国際仲裁を活性化させる重要な要素となるとして、モデル法の一部改正を踏まえた仲裁法の見直しの要否を検討すべきであるとの指摘がされた。

　さらに、内閣総理大臣補佐官を議長とする「民事司法制度改革推進に関する関係府省庁連絡会議」が取りまとめた「民事司法制度改革の推進について」（令和2年3月10日）においては、法務省は、「最新モデル法に準拠する方向で、引き続き前向きに検討する」ことに加え、「仲裁手続に関して裁判所が行う手続について、事件の管轄集中を前提に当事者が書証の訳文提出を行わず迅速かつ負担なく裁判に臨むことができるようにするなど、国際仲裁の活性化に資する関連法制度の見直しについて、引き続き前向きに検討する」ことが盛り込まれた。

　このほか、例えば、日本仲裁人協会からは「日本における実効的な国際紛争解決のためのインフラ整備に関する要望書」（平成29年3月21日）が、商事法務研究会国際仲裁制度研究会（座長・柏木昇東京大学名誉教授）からは「わが国における国際仲裁の発展に向けて～日本仲裁の活性化を実現する7つの提言～」（平成30年6月8日）が、日本弁護士連合会からは「UNCITRAL2006年改正モデル仲裁法を反映した法整備要綱試案」（令和元年6月21日）が公表されていた。

　以上を踏まえ、今回、仲裁法を見直すこととされた。

　（注）　UNCITRAL は、国際商取引法の統一と調和を目的として設立された国際連合総会直属の機関である。モデル法は、各国が仲裁法を制定する際のモデルとすることを企図して、UNCITRAL において昭和60年に策定されたものである。我が国の仲裁法とモデル法との関係等の詳細については Q8 の2参照。

Q3 今回、仲裁法の見直しのみならず、調停に関する法整備がされた理由は、どのようなものか。

A 　1　国際調停をめぐる状況
　前記（Q1の3）のとおり、近年、国際仲裁の複雑化、長期化を背景に、国際商事紛争の解決手段として国際調停が世界的に注目を集めており、手続的にも仲裁と調停との相互利用が図られている。そして、我が国においても、平成30年11月20日に京都国際調停センター（JIMC-Kyoto）が設立されている。

　このような流れの中で、国際調停の一層の利用促進のためには、仲裁判断と同様、調停による和解合意にも執行力を付与する必要があるとして、平成30年12月20日、国際連合総会において、シンガポール条約が採択された。シンガポール条約は、商事紛争に関する調停により成立した当事者間の国際的な和解合意について、一定の要件を満たす場合に執行力を付与する等の規律を設けるものであり、令和2年9月12日に発効した（同日現在の署名国は米国や中国等53か国、うち締約国はシンガポール等6か国であったが、令和6年5月1日現在では、英国やブラジル等の署名により署名国は57か国に、また、日本やスリランカ等の締結により締約国は14か国となっている。）。

　我が国における検討としては、「国際仲裁の活性化に向けた関係府省連絡会議」の中間取りまとめである「国際仲裁の活性化に向けて考えられる施策」（平成30年4月25日）や、「民事司法制度改革推進に関する関係府省庁連絡会議」が取りまとめた「民事司法制度改革の推進について」（令和2年3月10日）において、国際仲裁と国際調停の効果的な連携の在り方を検討することが盛り込まれていた。

　また、令和2年5月22日、第201回国会（常会）において成立した「外国弁護士による法律事務の取扱いに関する特別措置法の一部を改正する法律」（令和2年法律第33号）においては、外国法事務弁護士等が手続についての代理を行うことができる「国際仲裁事件」の範囲が拡大されるとともに、外国法事務弁護士等が「国際調停事件」の手続についての代理を行うことができるとの規定が新設された。加えて、同法の国会審議においては、国際調停の活性化に向けて、シンガポール条約への対応についての検討を含

め、我が国として積極的に取り組むべきである等の指摘がされていた。

　以上のような指摘等を踏まえ、国際調停の実効性を確保し、その活性化を図ることは国際仲裁の活性化に資するものと考えられるところ、我が国における国際調停の活性化を図るためには、諸外国に先立ってシンガポール条約を締結することが重要であり、そのための国内法制を整備する必要があると考えられるに至った。

2　調停による和解合意に対する執行力の付与に関する我が国における検討状況

　調停による和解合意の実効性を高めることは、裁判外紛争解決手続の利用の促進の観点から重要であり、そのためには、国内の調停についても、調停による和解合意に基づく民事執行を可能とする必要があると考えられる。

　この点については、ADR法の制定時[注1]及び見直し時[注2]に議論がされたが、そこでは、利用者等の動機付けや便宜の観点から執行力の付与に積極的な意見が述べられた一方、執行力の付与に消極的な立場から、濫用のおそれがあるとの指摘や、執行力の存在により利用者を萎縮させ、裁判外紛争解決手続の機能を阻害するとの指摘がされたことから、最終的には、今後も検討を続けるべき将来の課題とするものとされていた[注3]。

　そうした中、令和2年7月17日に閣議決定された「成長戦略フォローアップ」において、「オンラインでの紛争解決（ODR）の推進に向けて、民間の裁判外紛争解決手続（ADR）に関する紛争解決手続における和解合意への執行力の付与……等の認証制度の見直しの要否を含めた検討……を2020年度中に進める」こととされ、これを受けて、同年10月、法務省大臣官房司法法制部において「ODR推進検討会」（座長・垣内秀介東京大学大学院法学政治学研究科教授）が立ち上げられた。そして、同検討会が令和3年3月に取りまとめた「ADRにおいて成立した和解合意に執行力を付与することの是非についての取りまとめ」によれば、調停による和解合意に執行力がないことがADR利用促進の妨げの要因となっていることが指摘されるなどし、執行力の付与を求める意見が多数を占めたとされている。

　このような指摘等を踏まえ、法制審議会仲裁法制部会では、調停による和解合意に執行力を付与することの必要性及び許容性のほか、従前の議論の際

に指摘された課題や国内法制との整合性をも踏まえ、慎重な調査審議がされた。そして、ADR 法の制定以降、様々な分野の紛争を取り扱う多数のADR 機関が設立され、その実績も一定程度蓄積されたことにより、我が国における認証 ADR が国民から信頼される紛争解決手段として定着しつつあり、調停による和解合意に執行力を付与すべきとの気運が高まっていることも相俟って、シンガポール条約の対象となる国際調停のみならず、国内の調停についても、調停による和解合意に基づく民事執行を可能とする制度を創設するため、ADR 法の規定を整備する必要があると考えられるに至った。

3　まとめ

　以上のとおり、今般、最新の国際水準に対応し、また、国内において残されていた検討課題にも応えるべく、国内外の調停に関し、調停による和解合意に基づく民事執行を可能とする制度を創設することとし、仲裁法の見直しと併せて、調停に関する法整備がされるに至った。

　（注1）　ADR 法の国会審議においては、ADR による和解合意への執行力の付与に関し、次のような附帯決議がされていた。
①　平成 16 年 11 月 9 日衆議院法務委員会における附帯決議
　「民間団体等が行う裁判外紛争解決手続において、その解決の結果を当事者が履行しないときは、裁判外紛争解決手続を利用する国民のためその実効性が確保されるよう、利用者の権利保護も十分配慮した上で、必要に応じ法整備を含めて検討すること」
②　同月 18 日参議院法務委員会における附帯決議
　「民間紛争解決手続における執行力の付与については、紛争解決の実効性を確保するため、利用者の権利保護も十分配慮した上で、引き続き法整備等の措置も含め検討すること」
　（注2）　ADR 法附則第 2 条において、「政府は、この法律の施行後五年を経過した場合において、この法律の施行の状況について検討を加え、必要があると認めるときは、その結果に基づいて所要の措置を講ずるものとする」こととされていた。これを受けて、平成 25 年 2 月、法務省において「ADR 法に関する検討会」（座長・伊藤眞早稲田大学大学院教授（当時））が設置され、所要の検討がされた後、平成 26 年 3 月 17 日、報告書が法務大臣に提出された。
　（注3）　その後、日本 ADR 協会から「ADR 法制の改善に関する提言」（平成 30 年 4 月 25 日）が示されたが、そこでは、ADR における和解合意に対し、認証 ADR 機関の選択

により、裁判所の執行決定による執行力の付与を可能とすべきであることが盛り込まれて
いた。

Q4　今回の仲裁・調停法制の整備の概要及び意義は、どのようなものか。

A　**1　法整備の概要**

　今回の仲裁・調停法制の整備は、仲裁法及び ADR 法について、その一部を改正するとともに、シンガポール条約の締結に伴い、その的確な実施を確保するための条約実施法を新たに制定するものである。

　まず、仲裁法については、UNCITRAL が策定した改正モデル法に対応した法制を整備するため、仲裁廷が発する暫定保全措置命令について実質的な見直しを行い、我が国の裁判所の執行等認可決定を得ることにより、暫定保全措置命令に基づく民事執行を可能とする制度が創設されたほか、仲裁手続に関して裁判所が行う手続に関し、一定の要件の下、裁判所が、外国語で作成された仲裁判断書等につき日本語による翻訳文の提出の省略を可能とすること、東京地方裁判所及び大阪地方裁判所に競合管轄を認めること等の改正がされた。

　次に、条約実施法においては、調停において成立した国際性を有する和解合意（国際和解合意）について、我が国の裁判所の執行決定を得ることにより民事執行を可能とする制度が創設された。

　そして、ADR 法については、条約実施法上の国際和解合意に関する措置と同様、法務大臣の認証を受けた認証紛争解決事業者が行う調停において成立した和解合意（特定和解）について、裁判所の執行決定を得ることにより民事執行を可能とする制度を創設する等の改正がされた。

　2　法整備の意義

　今回の仲裁・調停法制の整備は、国際的な紛争であるか否かを問わず、我が国における裁判外の民間 ADR（仲裁・調停）の利用を一層促進し、紛争の実情に即した迅速、適正かつ実効的な解決を図る観点から、最新の国際水準に対応する形で一体的に強化しようとするものである。

　今回の法整備により創設された制度が適切に実施・運用されることにより、国内外の民事・商事に関する紛争について、裁判外紛争解決手続の利用が一層促進され、より実効的な紛争の解決が図られるものと期待される。

Q5　法案の提出に至る経緯は、どのようなものであったか。

A

1　法制審議会に対する諮問と調査審議の経緯

　令和2年9月17日に開催された法制審議会第187回会議において、法務大臣から法制審議会に対し、「経済取引の国際化の進展等の仲裁をめぐる諸情勢に鑑み、仲裁手続における暫定措置又は保全措置に基づく強制執行のための規律を整備するなど、仲裁法等の見直しを行う必要があると思われるので、その要綱を示されたい。」との諮問（諮問第112号）がされた[注1]。これを受けて、法制審議会に仲裁法制部会が設置され、山本和彦一橋大学大学院教授が部会長に選任された。

　仲裁法制部会においては、改正モデル法に対応し、最新の国際水準に見合った法制度を整備するための仲裁法の見直しのみならず、調停の実効性を確保し、国際調停の活性化を図ることは国際仲裁の活性化に資するものと考えられることから、調停による和解合意に対する執行力の付与についても調査審議の対象とされた。

　そして、仲裁法制部会は、令和3年3月5日に開催された第6回会議において、「仲裁法等の改正に関する中間試案」を取りまとめ、これを公表するとともに、同月19日から同年5月7日までの間、意見募集（パブリック・コメント）の手続が実施された[注2]。

　その後、仲裁法制部会は、同年10月8日に開催された第13回会議において、先行して「仲裁法の改正に関する要綱案」を取りまとめ、同月21日、法制審議会第192回会議において、この要綱案どおりの内容で「仲裁法の改正に関する要綱」（資料1）が決定され、同日、法務大臣に答申された。

　さらに、仲裁法制部会は、我が国がシンガポール条約を締結することを見据えたその国内担保法としての新法の制定と、ADR法の一部改正とを念頭に置いて、調停による和解合意に執行力を付与することの必要性及び許容性のほか、国内法制における議論の際に指摘された課題や国内法制との整合性をも踏まえ、執行力を付与し得る和解合意の対象範囲や裁判所による執行決定手続等の規律の在り方について調査審議を進め、令和4年2月4日に開催された第18回会議において、「調停による和解合意に執行力を付与し得る制

度の創設等に関する要綱案」を取りまとめ、同月14日、法制審議会第194回会議において、この要綱案どおりの内容で「調停による和解合意に執行力を付与し得る制度の創設等に関する要綱」（資料2）^(注3)が決定され、同日、法務大臣に答申された。

2　法案の提出

今回の改正等に係る「仲裁法の一部を改正する法律案」、「調停による国際的な和解合意に関する国際連合条約の実施に関する法律案」及び「裁判外紛争解決手続の利用の促進に関する法律の一部を改正する法律案」は、前記の各要綱に基づいて立案されたものであり、令和5年2月28日の閣議決定により、第211回国会（常会）に提出されるに至った。

　(注1)　法制審議会への諮問に先立ち、商事法務研究会において、令和元年12月から合計7回にわたり「仲裁法制の見直しを中心とした研究会」（座長・山本和彦一橋大学大学院教授）が開催され、我が国の仲裁法制が当面する課題について、関係する様々な論点の整理がされ、令和2年7月に報告書が取りまとめられた。

　(注2)　意見募集の結果、中間試案に対しては、団体から13通、個人から6通、合計19通の意見が寄せられた。

　(注3)　法制審議会が決定した「調停による和解合意に執行力を付与し得る制度の創設等に関する要綱」では、民事調停事件の管轄に関する規律の見直しも盛り込まれているが、この点については、民整法により民事調停法（昭和26年法律第222号）が改正され、知的財産調停事件につき、相手方の普通裁判籍の所在地を管轄する簡易裁判所に応じて、東京地方裁判所又は大阪地方裁判所に競合管轄を認める規定が設けられている（民整法による改正後の民事調停法第33条の4）。

Q6　国会における審議の経過及び内容は、どのようなものであったか。

A

1　衆議院による審議の経過

「仲裁法の一部を改正する法律案」、「調停による国際的な和解合意に関する国際連合条約の実施に関する法律案」及び「裁判外紛争解決手続の利用の促進に関する法律の一部を改正する法律案」は、令和5年3月29日、衆議院法務委員会に付託された。同委員会においては、これらの法律案が一括して審議され、同日に提案理由説明がされた後、同年4月4日に対政府質疑がされ、質疑の後にされた採決において全会一致で可決された（なお、採決に際し、附帯決議はされていない。）。これを受けて、同月6日、衆議院本会議において採決が行われ、いずれも全会一致で可決されたことから、これらの法律案は参議院に送付された。

衆議院法務委員会においては、主に、今回の法整備により新たに創設された調停による和解合意に執行力を付与する仕組みとその適用対象、我が国における国際仲裁・調停及び認証紛争解決手続の利用が低調である原因とこれらの活性化に向けた政府の取組、我が国が今シンガポール条約を締結する意義について、質疑がされた。

2　参議院による審議の経過

続いて、これらの法律案は、令和5年4月17日に参議院法務委員会に付託された。同委員会においても、これらの法律案は一括して審議され、同月18日に提案理由説明がされた後、同月20日に対政府質疑がされ、質疑の後にされた採決において全会一致で可決された（なお、採決に際し、附帯決議はされていない。）。これを受けて、同月21日、参議院本会議において採決が行われ、「仲裁法の一部を改正する法律案」及び「調停による国際的な和解合意に関する国際連合条約の実施に関する法律案」については全会一致で可決され、「裁判外紛争解決手続の利用の促進に関する法律の一部を改正する法律案」については賛成多数で可決されたことから、これらの法律案は法律として成立し、同月28日に公布された。

参議院法務委員会においては、我が国の仲裁法制を最新の国際水準に対応

させるまで時間を要した理由、国際仲裁・調停及び認証紛争解決手続の利用
が低調である原因とこれらの活性化に向けた政府の取組について質疑がされ
たほか、仲裁・調停といった裁判外紛争解決手続の利用の促進については、
政府による周知・広報を更に充実させる必要性があることが指摘された。

第2章 仲裁法の一部改正関係

Q7 仲裁法改正法においては、仲裁法について、どのような改正がされているか。

A 　仲裁法改正法は、裁判外の紛争解決手続である仲裁について、最新の国際水準に対応する形で強化を図り、その利用を一層促進するため、仲裁法の一部を改正するものであり、大きく2つの改正事項がある。

　1つ目は、仲裁廷が行う仲裁手続に関する改正である。仲裁廷が発する暫定保全措置命令について、その類型及び発令要件等に関する規定が整備されるとともに、我が国の裁判所の執行等認可決定を得ることにより、暫定保全措置命令に基づく民事執行を可能とする制度が創設された（Q9～Q34）。また、仲裁合意の書面性の要件を更に緩和する（Q39）等の改正がされた。

　2つ目は、仲裁手続に関して裁判所が行う手続（以下「仲裁関係事件手続」という。）に関する改正である。実務家からの要望等を踏まえ、仲裁関係事件手続について東京地方裁判所及び大阪地方裁判所に競合管轄を認めるとともに、仲裁判断の執行決定を求める申立てに係る事件等の手続において、裁判所が相当と認めるときは、仲裁判断書等について、日本語による翻訳文の提出の省略をすることができることとする等の改正がされた（Q35～Q38）。

　なお、令和5年6月6日、仲裁法改正法と同じく第211回国会において成立し、同月14日に公布された民整法による仲裁法の改正に伴い、仲裁法の条番号が改められているが、本書では、仲裁法改正法による改正後の仲裁法（新仲裁法）の条番号に基づいて解説する（仲裁法の新旧対照条文については資料3を参照されたい。）。

Q8　今回、UNCITRAL のモデル法の改正に対応することとした理由は、どのようなものか。

A

1　モデル法とは

国際仲裁の手続は、当事者間の合意のみならず、各国の国内法によっても規律されるが、国際仲裁は、国境を越えた紛争の解決手続であることから、その規律はできるだけ同様のものであることが望ましい。

そこで、UNCITRAL は、各国が仲裁法を制定する際のモデルとすることを企図して、昭和 60 年（1985 年）にモデル法を策定した。国際連合総会決議により、各国がこれを適切に考慮することが推奨されており、現に、多くの国がモデル法に準拠した法制を採用している (注1)。

2　我が国の仲裁法とモデル法との関係

我が国の仲裁法は、平成 15 年に、その当時のモデル法に準拠して整備されたものである。平成 18 年（2006 年）にモデル法が一部改正され、仲裁廷による暫定保全措置の定義（類型）、発令要件、執行等に関する規律が設けられたが、我が国の仲裁法では、これに対応する規律は整備されていなかった (注2)。

そこで、前記（Q2）の指摘等を踏まえ、改正モデル法に対応し、最新の国際水準に対応した法制度を整備するため、暫定保全措置命令に関する改正や仲裁合意の方式に関する改正といった仲裁法の見直しをすることとされた (注3)。

（注1）　UNCITRAL 事務局のウェブサイト（https://uncitral.un.org/en/texts/arbitration/modellaw/commercial_arbitration/status）によれば、令和 6 年 5 月 1 日現在、モデル法に準拠した法制を採用している国は 91 か国（州等の法域を含めると合計 124）であり、このうち改正モデル法に対応している国は 32 か国（州等の法域を含めると合計 46）であるとされている。

（注2）　UNCITRAL においては、平成 12 年（2000 年）からモデル法の改正作業が進められ、その 1 つの項目として、仲裁合意の書面性の要件を緩和する方向での検討が進められた。その中で、電子商取引の発達に対応するため、仲裁合意が電子メール等の電磁的記録によってされたときは、書面によってされたものとすることについてはおおむね異論

がみられなかったことから、我が国の仲裁法の制定に当たっては、その限度において、モデル法の改正を先取りする形で、仲裁法の規定に盛り込まれていた（旧仲裁法第13条第4項）。

（注3）　UNCITRAL事務局の前掲（注1）のウェブサイトによれば、我が国も、今回の改正により、改正モデル法に対応したものとされている。

Q9　暫定保全措置命令とは、どのようなものか。

A　暫定保全措置命令とは、仲裁判断があるまでの間（注1）、仲裁廷が当事者に対して一時的に一定の措置を講ずることを命ずるものを指し（新仲裁法第24条第1項及び第3項）、仲裁手続が進行する間における当事者の権利や証拠を保全することを目的とするものである。

旧仲裁法第24条では、「暫定措置又は保全措置」（注2）とされていたが、要件や効果の点において両者に差異はなかったこと、モデル法でも特段の区別なく"interim measures"とされていることから、新仲裁法では、「暫定保全措置」と改められた。

仲裁廷が暫定保全措置命令を発する権限は、当事者間の合意を根拠とするものと考えられるところ、この考え方によれば、暫定保全措置命令の名宛人は、仲裁手続の当事者に限られるべきであると考えられることから、新仲裁法第24条第1項柱書きにおいては、「仲裁廷は、……その一方の申立てにより、他方の当事者に対し、次に掲げる措置を講ずることを命ずることができる。」と定められており、旧仲裁法と同様、当事者以外の第三者を名宛人とすることは想定されていない。

また、旧仲裁法では、暫定保全措置の判断形式については明確にされていなかったが、措置を講ずることを「命ずる」との規定に照らすと、命令（order）の形で発することが想定されていたものと考えられることから、新仲裁法では、「暫定保全措置命令」と称することとされた。

（注1）　新仲裁法第24条第1項柱書きに「仲裁判断があるまでの間」との文言が設けられたことから、仲裁廷が暫定保全措置を命ずることができる時点が明確にされた。

（注2）　仲裁判断の実効性を確保するため、係争物の現状や価値を維持するためのものを「保全措置」といい、仲裁判断によって権利義務関係が確定するまでの間に当事者に生ずるであろう不利益を軽減するため、暫定的又は一時的に、一定の給付を命じたり、臨時の法律関係を形成したりする措置を「暫定措置」ということがあるとされていた。

Q10 暫定保全措置命令については、どのような改正がされているか。

A　1　暫定保全措置命令の定義（類型）及び発令要件等

　旧仲裁法第24条第1項は、当事者間に別段の合意がない限り、仲裁廷が必要と認める暫定措置又は保全措置の発令権限を有することを定めていたが、この規定からは、仲裁廷がどのような要件の下、どのような内容の措置を命ずることができるかは明らかでなく、その判断は、個々の事案における仲裁廷の裁量に委ねられていた。

　しかしながら、後記2のとおり、暫定保全措置命令に基づく民事執行を可能とする制度を設けるのであれば、関係者にとって予測可能な程度に規律を明確化する必要があると考えられることから、新仲裁法では、改正モデル法の規律を参照し、暫定保全措置命令の定義（類型）及び発令要件を明確化する等の改正がされた。具体的には、以下のとおりである。

① 暫定保全措置命令の定義（類型）及び発令要件の明確化（新仲裁法第24条第1項及び第2項。Q12〜Q18）

② 暫定保全措置命令の担保（新仲裁法第24条第3項。Q19）

③ 暫定保全措置命令の取消し等及び事情変更の開示命令（新仲裁法第24条第4項から第7項まで。Q20・Q21）

④ 暫定保全措置命令に係る損害賠償命令（新仲裁法第24条第8項及び第9項。Q22）

⑤ 暫定保全措置命令の命令書等（新仲裁法第24条第10項。Q23）

2　暫定保全措置命令の執行

　前記（Q8）のとおり、改正モデル法に対応するため、仲裁廷の暫定保全措置命令について、我が国の裁判所の執行等認可決定を得ることにより、民事執行を可能とする制度が創設される等の改正がされた(注)。具体的には、以下の規定が新設された。

① 暫定保全措置命令の執行等認可決定（新仲裁法第47条。Q24・Q25・Q27〜Q29）

② 暫定保全措置命令に基づく民事執行（新仲裁法第48条。Q24・Q25）

③　暫定保全措置命令に係る違反金支払命令（新仲裁法第49条。Q30〜
　　Q34）

　（注）　仲裁法の制定時において、仲裁廷の暫定保全措置に対する執行力の付与について
　も検討されたが、執行力を付与する対象や、我が国の保全処分の執行の枠組みに適合しな
　い措置の取扱い等、なお検討すべき問題があることのほか、その時点ではモデル法の改正
　案の内容が確定していなかったことから、執行力の付与は見送られた。

Q11 仲裁廷による暫定保全措置命令と裁判所による保全処分とは、どのような関係に立つのか。

A

1　裁判所による保全処分

仲裁合意をした当事者は、当該仲裁合意の対象となる民事上の紛争に関し、自らの権利を保全すること等を目的として、仲裁廷に対して暫定保全措置命令の申立てをすることができるほか、仲裁手続の開始前又は進行中に、裁判所に対して保全処分の申立てをすることも可能であり、申立てを受けた裁判所は保全処分を命じることができる（仲裁法第15条）。

仲裁法第15条の規定は、仲裁地が日本国内にある場合のみならず、仲裁地が日本国外にある場合及び仲裁地が定まっていない場合にも適用されるが（仲裁法第3条第2項）、我が国の裁判所に対して保全処分の申立てをするためには、我が国の裁判所に保全命令事件の管轄権（国際保全管轄）が認められる必要がある。この点につき、我が国の民事保全法（平成元年法律第91号）は、①日本の裁判所に本案の訴えを提起することができるとき、又は②仮に差し押さえるべき物若しくは係争物が日本国内にあるときに限り、保全命令の申立てをすることができると定めているが（同法第11条）、①については、仲裁合意がある場合には、そもそも裁判所に本案の訴えを提起することができないことから、仲裁合意がある場合の本案の管轄裁判所の解釈^(注1)が問題となるほか、②については、特定物に関する作為又は不作為を命じる仮処分においては、目的となる特定物が日本国内に所在する場合は日本の裁判所に管轄権が認められるものの、特に、特定物を目的としない作為又は不作為を命じる仮処分に関しては、作為・不作為義務が履行されるべき地を係争物の所在地と解すべきか否かにつき議論がある。

なお、裁判所による保全処分は、密行性の要請が高い場合に有用であると考えられる。なぜなら、仲裁機関における仲裁規則の多くでは、仲裁廷は被申立人に対し反論の機会を与えなければならないものとされており^(注2)、被申立人に通知することなく、申立人のみが関与する手続（ex parte）で暫定保全措置命令を発令することが制限されているのに対し、我が国の民事保全法上は、債務者（被申立人）に通知することなく、仮差押命令や係争物に関する仮処分命令を発令することができるものとされており、密行性が確保

されているからである。

2　仲裁廷による暫定保全措置命令との関係

　前記1のとおり、仲裁合意をした当事者は、仲裁廷に対する暫定保全措置命令の申立てと裁判所に対する保全処分の申立てとを選択することができることから、両者の関係が問題となり得る[(注3)]。

　法制審議会仲裁法制部会における調査審議では、暫定保全措置命令に基づく民事執行を許すこととした場合に、両者の優劣に関する規律を設けることの要否についても検討された。この点については、我が国の民事保全法上、重複する保全命令の申立てを禁止する規律は設けられておらず（民事保全の手続においては、重複する訴えの提起の禁止を定める民事訴訟法（平成8年法律第109号）第142条の規定は準用されないものと解されている。）、個別の事案における保全の必要性の判断において柔軟な対応が図られていること等を踏まえると、仲裁廷に対する暫定保全措置命令の申立てと裁判所に対する保全処分の申立てとが重複した場合に対応するための規律を設ける必要はないとの意見がみられたことから、新仲裁法においても特段の規律を設けないこととされた。

　したがって、実務上は、当事者の選択に従って、それぞれの手続の利用が許されることとなる。

（注1）　例えば、仲裁合意がなければ、本案の訴えについて日本の裁判所が管轄権を有していたといえるのであれば、日本の裁判所に保全命令の申立てをすることができるとの考え方や、仲裁地のある国の裁判所に保全命令の申立てをすることができるとの考え方がある（例えば、佐藤達文＝小林康彦編著『一問一答　平成23年民事訴訟法等改正——国際裁判管轄法制の整備』183・184頁参照）。

（注2）　例えば、日本商事仲裁協会（JCAA）の商事仲裁規則2021の第71条第4項では、「仲裁廷は、保全措置命令を発するにあたっては、すべての当事者に意見を述べるための合理的な機会を与えなければならない。」とされている。なお、新仲裁法第47条第7項第4号では、当事者が、暫定保全措置命令の発令に際し、仲裁手続において防御することが不可能であったことが執行拒否事由とされている。

（注3）　例えば、ドイツ民事訴訟法第1041条(2)においては、暫定保全措置に相当する保全処分が既に裁判所に申し立てられている場合には、暫定保全措置の執行を許さないも

のとされているほか、裁判所は、暫定保全措置の執行に必要であるときは、暫定保全措置を変更することができるものとされている。

Q12　新仲裁法では、暫定保全措置命令について、どのような類型が定められているか。

A　旧仲裁法第24条第1項は、当事者間に別段の合意がない限り、仲裁廷が必要と認める暫定措置又は保全措置の発令権限を有することを定めていたが、この規定からは、仲裁廷がどのような内容の措置を命ずることができるかが明らかでなかった。

　しかしながら、暫定保全措置命令に基づく民事執行を可能とする制度を設けるのであれば、関係者にとって予測可能な程度にその内容を明確化する必要があると考えられることから、新仲裁法では、改正モデル法の規律を踏まえ、暫定保全措置命令の類型につき、以下のものが定められた^(注)。

① 金銭の支払を目的とする債権について、当該金銭の支払をするために必要な財産の処分その他の変更を禁止することを命ずるもの（新仲裁法第24条第1項第1号。Q13）

② 財産上の給付（金銭の支払を除く。）を求める権利について、当該給付の目的である財産の処分その他の変更を禁止することを命ずるもの（同項第2号。Q14）

③ 紛争の対象となる物又は権利関係について、申立人に生ずる著しい損害又は急迫の危険の発生を防止し、若しくはその防止に必要な措置をとり、又は変更が生じた物若しくは権利関係の変更前の原状の回復をすることを命ずるもの（同項第3号。Q15）

④ 仲裁手続における審理を妨げる行為（後記⑤に掲げる証拠の廃棄禁止等を除く。）を禁止することを命ずるもの（同項第4号。Q16）

⑤ 仲裁手続の審理のために必要な証拠について、その廃棄、消去又は改変その他の行為を禁止することを命ずるもの（同項第5号。Q17）

（注）　法制審議会仲裁法制部会が取りまとめた「仲裁法等の改正に関する中間試案」においては、暫定保全措置の定義（類型）につき、改正モデル法の表現に忠実な文言が示されていたが、我が国の裁判所の決定により暫定保全措置命令に基づく民事執行を可能とする以上、我が国の法制との整合性も考慮せざるを得ないことから、新仲裁法では、民事保全法上の仮差押えや仮処分等の規定の文言を踏まえた文言が用いられた。ただし、実質に

おいては、改正モデル法に対応した内容とされている。

（参考）暫定保全措置の類型ごとの整理

新仲裁法第24条第1項の号数	保全すべき権利等	仲裁廷が命ずる内容	執行方法	対応する改正モデル法の条文
第1号	金銭の支払を目的とする債権	金銭の支払のために必要な財産の処分禁止等	裁判所による違反金支払命令に基づく民事執行	改正モデル法第17条(2)(c)
第2号	財産上の給付（金銭の支払を除く。）を求める権利	給付の目的である財産の処分禁止等		改正モデル法第17条(2)(a)の一部
第3号	紛争の対象となる物又は権利関係	当該損害又は当該危険の発生防止のための措置及び原状回復等	確定した執行等認可決定のある暫定保全措置命令に基づく民事執行	改正モデル法第17条(2)(a)の一部及び(b)の一部
第4号	仲裁手続における審理	仲裁手続における審理を妨げる行為の禁止	裁判所による違反金支払命令に基づく民事執行	改正モデル法第17条(2)(b)の一部
第5号		仲裁手続の審理のために必要な証拠の廃棄禁止等		改正モデル法第17条(2)(d)

（参考）改正モデル法第17条(2)

(2) An interim measure is any temporary measure, whether in the form of an award or in another form, by which, at any time prior to the issuance of the award by which the dispute is finally decided, the arbitral tribunal orders a party to:

(a) Maintain or restore the status quo pending determination of the dispute;

(b) Take action that would prevent, or refrain from taking action that is likely to cause, current or imminent harm or prejudice to the arbitral process itself;

(c) Provide a means of preserving assets out of which a subsequent award may be satisfied; or

(d) Preserve evidence that may be relevant and material to the resolution of the dispute.

（仮訳）

(2)　暫定保全措置とは、仲裁判断の形式によるか又はその他の形式によるかを問わず、あらゆる一時的な措置であって、紛争についての終局的な判断である仲裁判断を下す前の時点において、仲裁廷が、当事者に以下に掲げる措置を命じるものをいう。

(a)　紛争を解決するまで現状を維持し又は現状を回復する措置

(b)　現在の若しくは切迫した損害又は仲裁手続に対する妨害を防止するための措置、又はそれらの原因となる虞のある行為を差し控えさせるための措置

(c)　将来の仲裁判断を実現するために必要な資産の保全手段を提供する措置

(d)　紛争の解決に関連しかつ重要である可能性のある証拠を保存する措置

Q13 新仲裁法第24条第1項第1号の趣旨及び具体的な適用場面は、どのようなものか。

A 新仲裁法第24条第1項第1号は、金銭の支払を目的とする債権について、当該金銭の支払をするために必要な財産の処分その他の変更を禁止する類型を定めるものである。その趣旨は、最終的に金銭の支払を命ずる仲裁判断がされたとしても、被申立人の財産が保全されていない場合には、仲裁判断に基づく強制執行等により、申立人が金銭を回収することができないおそれがあることから、あらかじめ財産の処分等を禁止することにより、このようなおそれを防止する必要があることによる。具体的な適用場面としては、例えば、仲裁手続において売買代金の支払を求めている場合に、その支払をするのに必要な財産を保全する措置として、被申立人に対し、預金の払戻しを禁止すること等^(注1)が考えられる。

　この類型の発令要件としては、金銭の支払を目的とする債権について、強制執行をすることができなくなるおそれがあるとき、又は強制執行をするのに著しい困難を生ずるおそれがあるときであることが必要となる。前記の趣旨及び発令要件から明らかなように、この類型の暫定保全措置は、我が国の民事保全法上の仮差押え（同法第20条第1項）に相当するものといえる^{(注2)(注3)}。

　（注1）　被申立人に対して保証委託契約の解除を禁止する暫定保全措置命令については、所要の要件を満たす場合には、新仲裁法第24条第1項第1号に掲げる措置（財産の処分その他の変更の禁止）として命ずることも、同項第3号に掲げる措置（損害又は危険の発生の防止に必要な措置）として命ずることもあり得るものと考えられる。なお、裁判所に対して、執行等認可決定を求める申立てをする際には、その対象となる措置の特定を要することから、仲裁廷が当該暫定保全措置命令を発する際には、暫定保全措置命令の執行等認可決定に関する規定の適用関係を明らかにするため、新仲裁法第24条第1項のいずれの号に掲げる措置として命ずるものであるのかを明らかにする必要があるものと考えられる（Q24の4）。
　（注2）　当事者以外の第三者を名宛人とする暫定保全措置命令は想定されない（Q9）ことから、民事保全法上の債権の仮差押えの場合とは異なり、第三債務者に対する弁済の禁止を命ずることはできないものと考えられる。

（注3）　新仲裁法では、第24条第1項第1号に掲げる措置を講ずる暫定保全措置命令の民事執行については、裁判所による違反金支払命令に基づく民事執行（金銭執行）によるものとされている（Q24の3）ことから、同号に掲げる措置として、被申立人の所有に係る特定の不動産の処分を禁止する旨の暫定保全措置命令が発せられたとしても、その執行については、民事保全法上の仮差押えの場合とは異なり、不動産に関する仮差押えの登記をする方法によることはできない。

Q14 新仲裁法第24条第1項第2号の趣旨及び具体的な適用場面は、どのようなものか。

A 新仲裁法第24条第1項第2号は、財産上の給付（金銭の支払を除く。）を求める権利について、当該給付の目的である財産の処分その他の変更を禁止する類型を定めるものである。その趣旨は、最終的に財産上の給付を命ずる仲裁判断がされたとしても、当該給付の目的である金銭以外の財産が保全されていない場合には、仲裁判断に基づく強制執行等により、申立人が当該給付を得ることができないおそれがある。そこで、あらかじめ財産の処分等を禁止することにより、このようなおそれを防止する必要があることによる。具体的な適用場面としては、例えば、仲裁手続において売買契約に基づく土地の引渡しを求めている場合に、当該土地の譲渡や、賃借権、抵当権等の担保権の設定等を禁止すること、所有権に基づく建物の明渡しを求めている場合に、当該建物の占有の移転を禁止すること等が考えられる。

　この類型の発令要件としては、金銭の支払以外の財産上の給付を求める権利について、当該権利を実行することができなくなるおそれがあるとき、又は当該権利を実行するのに著しい困難を生ずるおそれがあるときであることが必要となる。前記の趣旨及び発令要件から明らかなように、この類型の暫定保全措置は、我が国の民事保全法上の係争物に関する仮処分（同法第23条第1項）に相当するものといえる[注]。

　（注）　新仲裁法では、第24条第1項第2号に掲げる措置を講ずる暫定保全措置命令の民事執行については、裁判所による違反金支払命令に基づく民事執行（金銭執行）によるものとされている（Q24の3）ことから、同号に掲げる措置として、被申立人の所有に係る特定の不動産の処分を禁止する旨の暫定保全措置命令が発せられたとしても、その執行については、民事保全法上の係争物に関する仮処分の場合とは異なり、不動産に関する処分禁止の登記をする方法によることはできない。

Q15 新仲裁法第24条第1項第3号の趣旨及び具体的な適用場面は、どのようなものか。

A　新仲裁法第24条第1項第3号は、紛争の対象となる物又は権利関係について、申立人に生ずる著しい損害又は急迫の危険を避けるため、①損害又は危険の発生を防止し、その防止に必要な措置をとることや、②変更が生じた物又は権利関係の原状回復をすることを命ずる類型を定めるものであり、我が国の民事保全法上の仮の地位を定める仮処分（同法第23条第2項）に相当するものといえる。その趣旨は、仲裁手続の進行中に、申立人に著しい損害又は急迫の危険が生じ、最終的な仲裁判断を待っていては、申立人の実効的な救済を図ることができない場合があることから、このような場合に対応するため、仲裁判断を待たずに、著しい損害又は急迫の危険の発生を防止し、又は原状回復をすることを可能とする必要があることによる。

　規定ぶりから明らかなように、仲裁廷は、新仲裁法第24条第1項第3号に掲げる措置として、申立人に生ずる著しい損害若しくは急迫の危険の発生を防止するため又は原状の回復のために必要な限度で、被申立人の作為・不作為を問わず、また、いわゆる断行の仮処分を含め、あらゆる措置を命ずることができる。もっとも、裁判所の執行等認可決定を得るためには、仲裁廷において、同号に掲げる措置として当該措置を命ずることが明らかにされるとともに、被申立人がすべき作為・不作為の内容が執行可能な程度に具体的に特定される必要があるものと考えられる。具体的な適用場面としては、例えば、契約関係を打ち切られた申立人において事業の継続が困難となるおそれがあるときに、被申立人に対し、仲裁判断があるまでの間、当初の契約どおり、製品の継続的供給、代金の支払、ライセンスの使用許諾、建設工事の続行等をするよう命ずること等が考えられる。

Q16 新仲裁法第24条第1項第4号の趣旨及び具体的な適用場面は、どのようなものか。

A 　新仲裁法第24条第1項第4号は、仲裁手続における審理を妨げる行為（同項第5号に掲げる証拠の廃棄禁止等を除く。）^(注1)を禁止する類型を定めるものである^(注2)。その趣旨は、仲裁手続における審理を妨げる行為がされるおそれがある場合には、あらかじめ当該行為を禁止することにより、仲裁手続における円滑な審理の実施を確保する必要があることによる。具体的な適用場面としては、例えば、仲裁手続において不利な状況にあると考えた被申立人が、仲裁合意があるにもかかわらず、仲裁手続の進行を引き延ばす等の目的で、あえて裁判所に訴えを提起し、仲裁手続における審理を妨害しようとする場合がある。このような場合に、被申立人に対して、仲裁合意に違反した訴えの提起及びその追行を禁止すること又は訴えの取下げを命ずること^(注3)等が考えられる。

　この類型の暫定保全措置は、我が国の他の制度において類例はないが、いわゆる訴訟禁止命令（Anti-suit Injunction）が改正モデル法第17条(2)(b)に含まれることとされたことを踏まえ、これに対応するものとして設けられたものである。

（注1）　新仲裁法第24条第1項第4号と同項第5号とでは発令要件が異なることから、明示的に除外されている（**Q17**）。

（注2）　新仲裁法第24条第1項第3号は、仲裁手続に付された紛争の対象となる物又は権利関係についての措置を定めるものであるところ、仲裁手続における審理を妨げる行為を禁止する措置は、これとは区別されるべきものと整理され、独自の類型として、同項第4号に規定が設けられた。

（注3）　新仲裁法第24条第1項第4号の暫定保全措置が発令されるには、申立ての原因となる事実として、仲裁手続における審理を妨げる行為がされるおそれがあることを疎明する必要があるところ、訴訟禁止命令については、訴えの提起が仲裁合意に違反するか否かを判断する権限は受訴裁判所に属することから、訴えの提起や訴訟の係属によって仲裁廷の権限や仲裁手続の遂行が阻害されるおそれがあるような場合に限って発令されるべきであるとの指摘もある。

Q17 新仲裁法第24条第1項第5号の趣旨及び具体的な適用場面は、どのようなものか。

A 　新仲裁法第24条第1項第5号は、仲裁手続の審理のために必要な証拠について、廃棄、消去又は改変その他の行為を禁止する類型を定めるものである。その趣旨は、仲裁手続の進行中に、証拠の廃棄等がされてしまうと、仲裁廷が適切な判断をすることが困難となるおそれがあることから、あらかじめ証拠の廃棄等を禁止することにより、このようなおそれを防止する必要があることによる。具体的な適用場面としては、例えば、被申立人に対し、その保管に係る文書の廃棄や電子メールの消去を禁止することを命ずることのほか、証人又はその候補者に対する威迫等を禁止することを命ずること等が考えられる。

　この類型の暫定保全措置は、民事訴訟法上の証拠保全（同法第234条）に相当するものともいい得るが、証拠保全は、あらかじめ証拠調べをしてその結果を保全しておくための手続であるのに対し、この類型の暫定保全措置は、仲裁廷による証拠調べの準備的行為として、被申立人に対し、一定の作為・不作為義務を課すものである点で違いがある。

　なお、この類型については、保全すべき権利又は権利関係及びその申立ての原因となる事実の疎明は要しないものとされており（新仲裁法第24条第2項括弧書き。Q18の1）、暫定保全措置命令の発令の可否の判断は、個別の事案における仲裁廷の裁量に委ねられている。

Q18　暫定保全措置命令の発令要件については、どのような規定が設けられているか。

A　**1　発令要件**
　　旧仲裁法第24条第1項は、当事者間に別段の合意がない限り、仲裁廷が必要と認める暫定措置又は保全措置の発令権限を有することを定めていたが、この規定からは、仲裁廷がどのような場合に暫定保全措置を命ずることができるかが明らかでなかった。そこで、新仲裁法では、暫定保全措置の類型ごとに、その内容とともに、発令要件に関する規定が設けられる（新仲裁法第24条第1項各号）とともに、暫定保全措置命令の申立てをするときは、保全すべき権利又は権利関係及びその申立ての原因となる事実を疎明しなければならないこととされた（同条第2項）。

　　ただし、新仲裁法第24条第1項第5号の定める類型（証拠の廃棄禁止等）については、その発令の可否の判断を、仲裁手続における審理の状況等に応じた仲裁廷の裁量に委ねることが相当であるため、改正モデル法第17A条(2)と同様、保全すべき権利又は権利関係及びその申立ての原因となる事実の疎明は要しないものとされた（新仲裁法第24条第2項括弧書き）。

2　保全すべき権利又は権利関係
　「保全すべき権利又は権利関係」とは、我が国の民事保全法上の被保全権利に対応するものであるが（同法第13条第1項）、改正モデル法第17A条(1)(b)と同様、本案の請求が認容される合理的な可能性を要求する観点から、その疎明を求めるものである。

　　具体的な「保全すべき権利又は権利関係」の内容は暫定保全措置の類型ごとに異なるものと考えられるが、一般的には、仲裁廷が暫定保全措置命令の申立てに対する判断をする時点において、当事者の主張の内容及び提出された証拠に照らし、暫定保全措置命令の申立人が本案（仲裁判断に対応する申立事項）について主張する事実が、法律上、当該申立ての趣旨に従った仲裁判断をする理由となる事情に該当すると一応認められ、かつ、その主張する事実が一応認められることが必要であると考えられる。

3　申立ての原因となる事実

「申立ての原因となる事実」とは、我が国の民事保全法上の保全の必要性（同法第13条第1項）に対応するものであるが、暫定保全措置命令の類型ごとに定められた要件に該当する事実をいう。

例えば、新仲裁法第24条第1項第1号の定める類型については、申立ての原因となる事実として、金銭債権の強制執行をすることができなくなるおそれ又は強制執行をするのに著しい困難を生ずるおそれがあることを、同項第4号の定める類型については、仲裁手続における審理を妨げる行為がされるおそれがあることを疎明することになる。

4　証明の程度

改正モデル法第17A条(1)は、暫定保全措置の申立人が発令要件を証明（satisfy）しなければならないものとしているが、この規定は、要求される証明の程度について一定の立場を示すものではないものとされている。もっとも、同条所定の損害が「生じる可能性があること（likely to result）」や、本案請求が認められる「合理的可能性（reasonable possibility）があること」が発令要件とされていることに照らすと、同条が要求する証明の程度は、我が国の法制上の証明（当該事実が存在する高度の蓋然性が認められること）ではなく、疎明（当該事実の存在が一応確からしいと認められること）に相当するものであると考えられる。

そこで、新仲裁法第24条第2項において、暫定保全措置命令の発令要件の立証については疎明で足りることとされた。

Q19 暫定保全措置命令を発するに際して命ずることができる担保の提供については、どのような改正がされているか。

A 旧仲裁法第24条第2項では、改正前のモデル法の規律に倣い、仲裁廷は、「いずれの当事者に対しても」担保の提供を命ずることができることとされていた。しかしながら、暫定保全措置命令の発令に伴う担保は、暫定保全措置を命じられた者（被申立人）が被る損害の填補を目的とするものであることに鑑み、被申立人に対しても担保の提供を命ずることができるとすることには反対する意見もあった。

そして、モデル法の一部改正により、改正モデル法第17E条(1)では、「暫定保全措置を申し立てた当事者に対し」てのみ、担保の提供を命ずることができることとされた。

そこで、新仲裁法第24条第3項では、改正モデル法の規律を踏まえ、「いずれの当事者に対しても」との文言が削られるとともに、担保の提供を命ずる時点等を明確にするため、「暫定保全措置命令……を発するに際し、必要があると認めるとき」との文言に改められた。

Q20 暫定保全措置命令の取消し等については、どのような規定が設けられているか。

A

1　規定の内容

　新仲裁法では、暫定保全措置命令の発令後に事情の変更があった場合に、最終的な仲裁判断を待たずに、仲裁廷が暫定保全措置命令の取消し等をすることを可能とするため、改正モデル法第17D条を踏まえ、暫定保全措置命令の取消し、変更又は効力の停止（以下「取消し等」という。）の規定が設けられた^{(注1)(注2)}。

　暫定保全措置命令は当事者の申立てにより発令されるものであるから、その取消し等についても、原則として、当事者の申立てによるのが相当であると考えられる。そこで、暫定保全措置命令が発令された後に、その発令要件を欠くことが判明したときや発令要件を欠くに至ったときその他の事情の変更があったときは、仲裁廷は、当事者の申立てにより、暫定保全措置命令の取消し等をすることができることとされた（新仲裁法第24条第4項）。「保全すべき権利若しくは権利関係又は第一項の申立ての原因を欠くことが判明し、又はこれを欠くに至ったとき」は、「事情の変更があったとき」の例示である。

　また、当事者の申立てを期待することができない事情がある場合や緊急の必要がある場合等の特別の事情があると認めるときは、仲裁廷は、当事者にあらかじめ通知した上で、職権で、暫定保全措置命令の取消し等をすることができることとされた（新仲裁法第24条第5項）。事前の通知が要件とされているのは、暫定保全措置命令の取消し等の可能性を当事者に了知させるためである。

2　具体例

　例えば、新仲裁法第24条第1項第1号の暫定保全措置命令については、次のような場合に、同条第4項の規定による取消し等の要件を満たすものと考えられる。

　　① 暫定保全措置命令の発令後に、申立人の主張に係る金銭債権が発令時において存在していなかったことが判明した場合には、「保全すべ

き権利……を欠くことが判明し……たとき」に該当する。

②　暫定保全措置命令の発令時においては被申立人の財産状況が明らかでなかったが、その発令後に不動産について被申立人名義の所有権移転登記がされたことにより、当該発令時において申立人の主張に係る金銭債権について強制執行をすることができなくなるおそれ等がなかったことが判明した場合には、「第一項の申立ての原因を欠くことが判明し……たとき」に該当する。

③　暫定保全措置命令の発令時には、申立人の主張に係る金銭債権が存在していたが、その後、弁済や相殺等により当該金銭債権が消滅した場合には、「保全すべき権利……を欠くに至ったとき」に該当する。

（注1）　暫定保全措置命令の執行等認可決定を求める申立てがされてから当該申立てについての決定がされるまでの間に、仲裁廷が当該暫定保全措置命令の取消し等をした場合においては、①当該申立てを受けた裁判所は、必要があると認めるときは、執行等認可決定の申立てに係る手続を中止することができる（新仲裁法第47条第3項）とともに、②暫定保全措置命令の取消し等がされたことが、執行拒否事由に該当することとなる（同条第7項第8号）。

（注2）　暫定保全措置命令の執行等認可決定及び違反金支払命令がされた後に、仲裁廷が当該暫定保全措置命令の取消し等をした場合においては、①予防・回復型の暫定保全措置命令については、被申立人は、債務名義となるべき暫定保全措置命令の取消し等を理由として、強制執行の不許を求めるために、請求異議の訴え（民事執行法（昭和54年法律第4号）第35条）を提起することができ、②禁止型の暫定保全措置命令については、違反金支払命令を発した裁判所は、被申立人の申立てにより、違反金支払命令を取り消すことができる（新仲裁法第49条第7項）。

Q21　暫定保全措置命令に係る事情変更の開示命令については、どのような規定が設けられているか。

A　新仲裁法では、仲裁廷が、暫定保全措置命令の取消し等の判断の基礎となる事情を把握するため、当事者に対して事情の変更について開示を求めることを可能とする必要があることから、改正モデル法第17F条を踏まえ、事情変更の開示命令等の規定が設けられた。

　まず、仲裁廷は、暫定保全措置命令の発令要件を欠くことが判明した等の事情の変更があったと思料するときは^(注)、当事者に対し、事情の変更の有無及び事情の変更の内容を開示することを命ずることができることとされた（新仲裁法第24条第6項）。「当事者」に対して開示を命ずることができることとされたのは、例えば、保全すべき権利が消滅したか否かを判断するためには、申立人及び被申立人の双方に、事情の変更の有無及びその内容の開示を求める必要がある場合が想定し得ることや、改正モデル法第17F条(1)が、仲裁廷は「全ての当事者」に対し、事情の変更の開示を命ずることができるものとしていることを踏まえたものである。

　次に、暫定保全措置命令の申立てをした者（申立人）が事情変更の開示命令に従わないときは、事情の変更があったものとみなされ、暫定保全措置命令の取消し等の要件が満たされることとされた（新仲裁法第24条第7項）。「申立人」が開示命令に従わないときに限定されたのは、被申立人が開示命令に従わないときにも、事情の変更があったものとみなし、暫定保全措置命令の取消し等を可能とすると、申立人に対する不意打ちとなるおそれがあり、相当でないと考えられるためである。

　（注）「事情の変更があったと思料するとき」との文言により、仲裁廷においては、暫定保全措置命令の取消し等よりも緩やかな要件の下で事情変更の開示を命ずることができることが明らかにされている。

Q22 暫定保全措置命令に係る損害賠償命令については、どのような規定が設けられているか。

A 新仲裁法では、暫定保全措置命令の発令が事後的に不当であったことが判明した場合には、これによって損害を被った当事者が、仲裁手続において確実に損害の塡補を受けることを可能にするため、改正モデル法第17 G 条を踏まえ、裁判所ではなく、仲裁廷に損害賠償を命ずる権限を認める(注1)とともに、国境を越えた強制執行が容易となるよう、この命令は仲裁判断としての効力を有することとされた(注2)。

　まず、仲裁廷は、暫定保全措置命令の取消し等をした場合において、申立人の責めに帰すべき事由(注3)(注4)により暫定保全措置命令を発したと認めるときは、申立人に対し、暫定保全措置命令の発令により被申立人が受けた損害の賠償を命ずることができることとされた（新仲裁法第24条第8項）。この命令は、仲裁手続が進行している限り、いつでも発することができる。また、ここにいう「損害」には、不当な暫定保全措置命令が発令されたことにより余計に支出することとなった仲裁費用も含まれる(注5)。

　そして、仲裁廷による損害賠償命令は仲裁判断としての効力を有することとされている（新仲裁法第24条第9項）ことから、裁判所の執行決定を得ることにより、我が国において民事執行をすることができることとなる（仲裁法第46条第1項）。

　（注1）　新仲裁法第24条第8項ただし書において、「当事者間に別段の合意がある場合は、この限りでない。」との規定が設けられた。これにより、当事者間に別段の合意がある場合には、仲裁廷に損害賠償を命ずる権限を与えないこととするほか、当該権限行使の要件を変更することも可能とされている。

　（注2）　仲裁廷による損害賠償命令は、仲裁判断としての効力を有することから、新仲裁法第24条第10項において、仲裁判断書に関する新仲裁法第39条の規定を準用することとされた。

　（注3）　仲裁廷が損害賠償を命ずることができる要件について広く仲裁廷の裁量に委ねることは、当事者の予測可能性を損なうのみならず、そもそも暫定保全措置命令の申立てを萎縮させることにもつながりかねないことから、相当でないものと考えられる。また、類似の制度である民事保全に関しては、不当申立てを理由とする損害賠償責任の要件とし

て過失が要求されている（最三小判昭和 43 年 12 月 24 日民集 22 巻 13 号 3428 頁参照。な
お、この判決は、保全命令が取り消された場合には、特段の事情がない限り、過失が推認
されるとも判示している。）ところ、民事保全については、一定の例外を除き、密行性の
観点から無審尋での発令が可能であるのに対し、暫定保全措置命令については、その発令
に当たり被申立人に防御の機会が与えられることが前提になっていることに照らすと、そ
の対比において、暫定保全措置命令に係る損害について、特に無過失責任に基づく損害賠
償責任を認める必要性があるとはいい難いものと考えられる。

　（注4）　申立人に「責めに帰すべき事由」がある場合とは、当初から暫定保全措置命令
の発令要件を欠いており、申立人がそのことを知るべきであったにもかかわらず申立てを
した場合や、そのことを知っていながらあえて申立てをした場合等を指す。例えば、申立
人が、自己の権利が存在しないことを認識しながら、自己に不利益な証拠をあえて隠し
て、被申立人の財産の保全を命ずる暫定保全措置命令の申立てをした場合等がこれに該当
するものと考えられる。

　（注5）　もっとも、仲裁費用の分担について、当事者間に合意があるときは、新仲裁法
第 52 条の規定に従うこととなるものと考えられる。

Q23 暫定保全措置命令の命令書については、どのような規定が設けられているか。

A 後記（Q24）のとおり、新仲裁法においては、暫定保全措置命令に基づく民事執行が可能となることから、暫定保全措置命令を発するに際しては、書面を作成することとするのが相当である。

そこで、新仲裁法では、暫定保全措置命令の命令書の作成を必要的なものとすることとし、その命令書について、仲裁判断書に関する仲裁法第39条第1項及び第3項の規定を準用することとされた（新仲裁法第24条第10項）^{（注）}。これにより、暫定保全措置命令の命令書には、暫定保全措置命令の内容のほか、作成の年月日及び仲裁地を記載するとともに、当該命令をした仲裁人が署名しなければならないこととなる。

（注）　新仲裁法第24条第10項では、暫定保全措置命令のほか、その他の同条の規定による命令（同条第8項の損害賠償命令を除く。）又は決定についても、仲裁法第39条第1項及び第3項の規定を準用することとされた。ここにいう命令には、暫定保全措置命令に伴う担保提供命令（新仲裁法第24条第3項）及び事情変更の開示命令（同条第6項）が、決定には、暫定保全措置命令の取消し等の決定（同条第4項及び第5項）が、それぞれ該当するものと考えられる。

Q24　暫定保全措置命令に基づく民事執行を可能とするための仕組みは、どのようなものか。

A　**1　概要**

　新仲裁法では、改正モデル法の規律を踏まえ、仲裁廷が暫定保全措置命令を発令した後、裁判所が、当該暫定保全措置命令につき執行拒否事由の有無を審査した上で、執行等認可決定をした場合に、民事執行を可能とするための仕組みが新設された。

　新仲裁法では、暫定保全措置命令の類型に応じ、民事執行を可能とするための仕組み及び執行等認可決定の内容が2つに分かれている。

2　予防・回復型の暫定保全措置命令

　暫定保全措置命令のうち新仲裁法第24条第1項第3号に掲げる措置を講ずることを命ずるもの（以下「予防・回復型の暫定保全措置命令」という。）については、当該暫定保全措置命令の申立てをした者は、裁判所に対し、当該暫定保全措置命令に基づく民事執行を許す旨の決定（執行等認可決定）を求める申立てをすることができる（新仲裁法第47条第1項第1号）。

　裁判所は、執行拒否事由（新仲裁法第47条第7項各号。Q29）のいずれかがあると認めるときに限り、執行等認可決定を求める申立てを却下することができ、当該申立てを却下する場合を除き、執行等認可決定をしなければならない（同条第6項から第8項まで）。

　そして、予防・回復型の暫定保全措置命令は、執行等認可決定がある場合に限り、当該暫定保全措置命令に基づく民事執行をすることができることとなる（新仲裁法第48条）。この場合には、確定した執行等認可決定のある新仲裁法第48条に規定する暫定保全措置命令が債務名義となる（仲裁法改正法による改正後の民事執行法第22条第6号の3）。

3　禁止型の暫定保全措置命令

　これに対し、暫定保全措置命令のうち新仲裁法第24条第1項第1号、第2号、第4号又は第5号に掲げる措置を講ずることを命ずるもの（以下、これらを併せて「禁止型の暫定保全措置命令」という。）については、当該暫定保

全措置命令の申立てをした者は、裁判所に対し、新仲裁法第49条第1項の規定による金銭の支払命令（以下「違反金支払命令」という。）を発することを許す旨の決定（執行等認可決定）を求める申立てをすることができる（新仲裁法第47条第1項第2号）。執行拒否事由に関する規定や執行等認可決定を求める申立ての手続に関する規定は、予防・回復型の暫定保全措置命令と共通である。

　裁判所は、禁止型の暫定保全措置命令について確定した執行等認可決定がある場合において、当該暫定保全措置命令の違反又はそのおそれがあると認めるときは、違反金支払命令を発令することができる（新仲裁法第49条第1項）。この違反金支払命令は、執行等認可決定と同時にすることができる（同条第2項）。そして、この違反金支払命令に基づき、民事執行をすることができることとなるが、この場合には、確定した違反金支払命令が債務名義となる（民事執行法第22条第3号）[注1] [注2]。

4　運用上の留意点

　このように、予防・回復型の暫定保全措置命令と禁止型の暫定保全措置命令とで、民事執行を可能とする仕組み及び執行等認可決定の内容が異なるものとされているため、仲裁廷は、暫定保全措置命令を発する際には、（仲裁地が日本国内にある場合においては）新仲裁法第24条第1項のいずれの号に掲げる措置として命ずるのかを明らかにする必要があるものと考えられる[注3]。また、暫定保全措置命令の申立てをした者は、執行等認可決定を求める申立てをする際には、裁判所に対し、当該暫定保全措置命令が同項のいずれの号に掲げる措置として命じられたものであるのかを明らかにする必要があるものと考えられる。

　（注1）　違反金支払命令は、即時抗告によらなければ不服を申し立てることができず（新仲裁法第49条第8項、第44条第7項）、確定しなければその効力を生じない（新仲裁法第49条第5項）ため、確定した違反金支払命令が債務名義となる。
　（注2）　裁判所が、被申立人において、暫定保全措置命令に違反するおそれがあることを理由として違反金支払命令を発令する場合には、被申立人が当該暫定保全措置命令に違反したことを条件とする金銭の支払を命ずることとなる（新仲裁法第49条第1項括弧書き）ため、申立人は、当該違反金支払命令に基づく民事執行をするためには、被申立人が

当該暫定保全措置命令に違反したことを証明し、条件成就執行文（民事執行法第27条第1項及び第33条第1項）の付与を受ける必要があるものと考えられる。

　（注3）　保証委託契約の解除を禁止する暫定保全措置命令に関し、Q13（注1）も参照。

Q25　暫定保全措置命令の類型に応じて、民事執行をするための仕組みを区別した理由は、どのようなものか。

A　**1　民事執行をするための仕組みの概要**

　新仲裁法では、①予防・回復型の暫定保全措置命令（新仲裁法第24条第1項第3号に掲げる措置を講ずることを命ずるもの）については、確定した執行等認可決定のある暫定保全措置命令を債務名義として民事執行の申立てをすることができるものとされ^(注1)、②禁止型の暫定保全措置命令（同項第1号、第2号、第4号又は第5号に掲げる措置を講ずることを命ずるもの）については、当該暫定保全措置命令について執行等認可決定があることを踏まえて発令される違反金支払命令を債務名義として民事執行の申立てをすることができるものとされた（Q24）。

2　民事執行をするための仕組みを区別した理由

　予防・回復型の暫定保全措置命令は、仲裁手続に付された紛争の対象となる物又は権利関係について、申立人に生ずる損害又は危険の予防や原状の回復のために必要な限度で被申立人に一定の行為を命ずるものであることから、当該暫定保全措置命令に基づき、直接強制、代替執行及び間接強制の方法による民事執行をすることができるものとされた^{(注2)(注3)}。

　これに対し、禁止型の暫定保全措置命令は、紛争の対象となる物又は権利関係を離れて、被申立人に一定の行為の禁止を命じるものであることから、我が国の法制上、当該暫定保全措置命令に基づき一律に民事執行を認めることにはなじまない^(注4)と考えられる上、当該暫定保全措置命令の違反により、禁止に従うことができなくなった場合には、民事執行をすることが困難となるおそれがある^(注5)。そこで、民事執行をするための仕組みとして、当該暫定保全措置命令の違反又はそのおそれが認められるときに、裁判所が違反金支払命令を発令し、これに基づく民事執行をすることができるものとされた。

　（注1）　民事保全法において、物の給付その他の作為又は不作為を命ずる仮処分の執行については、仮処分命令を債務名義とみなすとされていること（同法第52条第2項）と

同様の考え方によるものである。

　（注2）　ただし、契約上の地位を確認する旨の暫定保全措置命令は、具体的な給付文言を欠くものとして、これに基づく民事執行をすることはできないものと考えられる。

　（注3）　予防・回復型の暫定保全措置命令については、違反金支払命令を発令することができることとはされていない理由につき、Q32参照。

　（注4）　禁止型の暫定保全措置命令に相当する仮差押命令、係争物に関する仮処分命令及び証拠保全決定については、我が国の法制上、当該命令等に基づく民事執行を行うことや、民事執行の例により保全執行をすることは基本的に認められていない。

　（注5）　例えば、証拠となる電子メールの消去の禁止を命ずる暫定保全措置命令（新仲裁法第24条第1項第5号）について、被申立人がこれに違反して電子メールを消去した場合には、当該暫定保全措置命令に基づく不作為債務は履行不能となることから、当該債務の履行を求めるために、民事執行をすることができなくなるおそれがある。これに対し、新仲裁法の規定によれば、このような場合においても、暫定保全措置命令の違反が認められるときは、違反金支払命令の発令を受けて、これに基づく民事執行をすることができることとなる。

Q26 仲裁廷による暫定保全措置命令に基づく民事執行を可能とすることとした理由及び理論的根拠は、どのようなものか。

A **1　民事執行を可能とすることとした理由**

　　仲裁合意をした当事者は、裁判所の手続の利用を排除しつつ仲裁手続による紛争解決を選択したにもかかわらず、保全処分の執行が必要となる局面においては裁判所による実体的な判断を求めなければならないというのでは、当事者の意思に十分に合致していないものと考えられる[注1]。

　また、実務的にも、暫定保全措置命令に基づく民事執行を可能とすることにより、当事者が暫定保全措置命令をより遵守することにつながるものと考えられる[注2]。

　以上によれば、暫定保全措置命令に基づく民事執行を可能とすることにより、仲裁手続による紛争解決を選択した当事者の意思をより尊重し、その利便性を向上させるとともに、仲裁手続による紛争解決の実効性を高めることができるものと考えられる。

2　民事執行を可能とすることとした理論的根拠

　当事者が、仲裁合意に基づき、仲裁手続による紛争解決を選択し、当該仲裁手続でされた判断に拘束されることを受忍している場合には、当該仲裁合意に基づいて仲裁廷がした判断について、その民事執行を認めることは、当事者の意思に合致するものであり、紛争解決の在り方に関する私的自治の保障に資すると考えられる。そして、モデル法及び我が国の仲裁法では、仲裁合意が存在し、かつ、別段の合意により暫定保全措置命令の発令が排除されていない場合には、仲裁廷が暫定保全措置命令を発することができるものとされていることからすると、暫定保全措置命令が適法に発せられた場合には、仲裁合意をした当事者間において、仲裁廷が発した暫定保全措置命令の内容に拘束されることを受忍する旨の合意が存在しているものと評価することができる。

　また、仲裁廷による暫定保全措置命令は、暫定的、一時的に効力を有するものであるとはいえ、当事者の主張・立証を踏まえて仲裁廷が判断を示すことによって、仲裁判断がされるまでの当事者間の権利関係について明確化す

るものであり^(注3)、当事者に対する拘束力を十分に持ち得るものと考えられる。

　したがって、仲裁合意をした当事者が、別段の合意により暫定保全措置命令の発令を排除していない場合には、当事者間の合意を根拠として、仲裁判断のみならず、暫定保全措置命令に基づく民事執行を可能とすることも許容されるものと考えられる^(注4)。

　（注1）　現行法上、外国裁判所がした保全処分については、我が国における執行の対象とならないことも、暫定保全措置命令に基づく民事執行を可能とすることの必要性として指摘されていた。

　（注2）　仲裁手続の当事者は、仲裁廷により暫定保全措置命令が発令された場合に、その後の仲裁判断への影響等を考慮して、暫定保全措置命令に任意に従うことが多いとの指摘もあるが、これに対しては、そのような影響は事実上のものにすぎず、そもそも、当事者が暫定保全措置命令を遵守しなかったことを理由に、その当事者に対して不利な仲裁判断をすることが正当化できるのかといった指摘もある。

　（注3）　新仲裁法においては、暫定保全措置命令が発令された後の事情の変更による暫定保全措置命令の取消し等の規律が設けられるとともに（新仲裁法第24条第4項から第7項まで）、暫定保全措置命令が取り消されたこと等が執行拒否事由とされている（新仲裁法第47条第7項第8号）。

　（注4）　本文2の記載は、いわゆる実体的正当性の観点からの説明であるが、民事執行を可能とすることを正当化するためには、これに加えて、当事者における防御可能性を中心とした暫定保全措置命令の発令に至る手続的正当性も必要となる。新仲裁法では、当事者が防御不可能であったこと等が執行拒否事由とされることにより、手続的正当性の確保も図られている（新仲裁法第47条第7項第3号、第4号等）。

Q27　執行等認可決定とは、どのようなものか。

A　新仲裁法では、暫定保全措置命令に基づく民事執行を可能とするには、我が国の裁判所による執行等認可決定^(注)が必要であることとされた（新仲裁法第47条第1項）。

執行等認可決定は、①予防・回復型の暫定保全措置命令については、当該暫定保全措置命令に基づく民事執行を許す旨の決定、②禁止型の暫定保全措置命令については、違反金支払命令を発することを許す旨の決定であり、その内容が異なる（新仲裁法第47条第1項各号参照）が、改正モデル法では、暫定保全措置の類型に応じて執行拒否事由を判断するための手続が区別されていないことも踏まえ、新仲裁法では、全ての類型の暫定保全措置命令について、執行拒否事由の有無を審理、判断するための手続として、執行等認可決定を求める申立ての手続が設けられている（Q28）。

（注）　仲裁判断については「執行決定」との文言が用いられている（仲裁法第46条第1項）が、暫定保全措置命令については「執行等認可決定」との文言が用いられている。これは、仲裁判断の「執行決定」とは、仲裁判断に基づく民事執行を許す旨の決定をいい、確定した執行決定のある仲裁判断が債務名義となる（民事執行法第22条第6号の2）ところ、禁止型の暫定保全措置命令については、当該暫定保全措置命令自体ではなく、違反金支払命令が債務名義となるため、暫定保全措置命令の「執行決定」との文言を用いることは相当でないと考えられたためである。なお、新仲裁法第47条第1項第2号の決定は、違反金支払命令を発することを許す旨の決定であることから、その内容に照らし、「執行等認可決定」との略語が用いられている。

Q28　執行等認可決定を求める申立ての手続は、どのようなものか。

A　1　執行等認可決定を求める申立て

　暫定保全措置命令（仲裁地が日本国内にあるかどうかを問わない。）
の申立てをした者は、当該暫定保全措置命令を受けた者を被申立人として、
裁判所に対し、執行等認可決定を求める申立てをすることができる（新仲裁
法第 47 条第 1 項）。

　執行等認可決定を求める申立てに係る事件については、①当事者が合意に
より定めた地方裁判所、②仲裁地（一の地方裁判所の管轄区域のみに属する地
域を仲裁地として定めた場合に限る。）を管轄する地方裁判所、③被申立人の
普通裁判籍の所在地を管轄する地方裁判所、④請求の目的又は差し押さえる
ことができる被申立人の財産の所在地を管轄する地方裁判所、⑤東京地方裁
判所及び大阪地方裁判所（仲裁地、被申立人の普通裁判籍の所在地又は請求の
目的若しくは差し押さえることができる被申立人の財産の所在地が日本国内にあ
る場合に限る。）に管轄が認められる（新仲裁法第 47 条第 4 項）。

　申立人は、執行等認可決定を求める申立てをするときは、①暫定保全措置
命令の命令書の写し、②当該写しの内容が暫定保全措置命令の命令書と同一
であることを証明する文書、③外国語で作成された暫定保全措置命令の命令
書についてはその日本語による翻訳文を提出する必要がある（新仲裁法第 47
条第 2 項本文）。ただし、③日本語による翻訳文については、裁判所が相当と
認めるときは、被申立人の意見を聴いて、その全部又は一部の提出を要しな
いものとすることができる（同項ただし書）^{（注1）}。

2　執行等認可決定を求める申立ての手続

　申立てを受けた裁判所は、執行拒否事由の有無を審査し、執行拒否事由が
認められない場合には、執行等認可決定をしなければならない（新仲裁法第
47 条第 6 項及び第 7 項。執行拒否事由については Q29）。

　執行等認可決定を求める申立てについての決定は、口頭弁論又は当事者双
方が立ち会うことができる審尋の期日を経なければすることができず、ま
た、当該決定に対しては、即時抗告をすることができる（新仲裁法第 47 条第

10項の準用する新仲裁法第44条第4項及び第7項)。

　執行等認可決定は、確定しなければその効力を生じない（新仲裁法第47条第9項）^(注2)。そのため、暫定保全措置命令に基づく民事執行をするためには、執行等認可決定が確定する必要がある^(注3)。

　（注1）　この規定は、仲裁判断の執行決定を求める申立てについて、裁判所が相当と認めるときは、仲裁判断書の日本語による翻訳文の提出を省略することができるとの規定（新仲裁法第46条第2項ただし書）と同様の趣旨に基づくものである（Q37）。
　（注2）　仲裁関係事件手続については、特別の定めがある場合を除き、その性質に反しない限り、民事訴訟法の規定が準用される（仲裁法第10条）ため、執行等認可決定は、原則として、相当と認める方法で告知することによって、その効力を生ずることとなる（民事訴訟法第119条）。しかしながら、禁止型の暫定保全措置命令については、原則として、執行等認可決定が確定した場合にのみ、違反金支払命令の発令が可能とされている（新仲裁法第49条第1項）ことから、執行等認可決定が確定するまでの法律関係を明確にするため、執行等認可決定は確定しなければその効力を生じないものとされた。
　（注3）　新仲裁法第49条第2項では、執行等認可決定が確定する前であっても、違反金支払命令を執行等認可決定と同時にすることができることとされている（同項前段）が、この場合においても、違反金支払命令は、執行等認可決定が確定するまでは、確定しないものとされている（同項後段）ため、違反金支払命令に基づく民事執行をするためには、執行等認可決定が確定する必要がある。

Q29　執行等認可決定を求める申立てを却下することができる事由（いわゆる執行拒否事由）については、どのような規定が設けられているか。

A　**1　執行拒否事由の規定の概要**

　裁判所は、執行拒否事由のいずれかがあると認めるときに限り、執行等認可決定を求める申立てを却下することができる（新仲裁法第47条第7項）[注1]。

　新仲裁法第47条第7項の定める執行拒否事由は、改正モデル法第17Ⅰ条(1)の定める執行拒否事由に相当するものである。

　また、新仲裁法第47条第7項の定める執行拒否事由は、同項第7号の事由を除き、仲裁判断の執行決定を求める申立ての執行拒否事由（新仲裁法第46条第7項及び第45条第2項）と同様のものである。新仲裁法第47条第7項第7号は、暫定保全措置命令を発する際に、仲裁廷が相当な担保の提供を命ずる場合があること（新仲裁法第24条第3項。Q19）から、当該担保を提供していないことを執行拒否事由とするものである。

2　執行拒否事由に関する具体的な規定

　新仲裁法第47条第7項では、改正モデル法第17Ⅰ条(1)を踏まえ、次のとおり、執行拒否事由が定められている。なお、新仲裁法第47条第7項第1号から第8号までに掲げる事由（後記①から⑧まで）については、被申立人が当該事由の存在を証明する必要があるが、同項第9号及び第10号に掲げる事由（後記⑨及び⑩）については、必ずしもその証明を要しないこととされている[注2]。

　①　仲裁合意が、当事者の行為能力の制限により、その効力を有しないこと（新仲裁法第47条第7項第1号）

　②　仲裁合意が、当事者が合意により仲裁合意に適用すべきものとして指定した法令によれば、当事者の行為能力の制限以外の事由により、その効力を有しないこと（同項第2号）

　③　当事者が、仲裁人の選任手続又は仲裁手続（暫定保全措置命令に関する部分に限る。④及び⑥において同じ。）[注3]において、仲裁地が属

する国の法令の規定や当事者間の合意により必要とされる通知を受け
なかったこと（同項第3号）

④　当事者が、仲裁手続において防御することが不可能であったこと
（同項第4号）

⑤　暫定保全措置命令が、仲裁合意若しくは暫定保全措置命令に関する
別段の合意又は暫定保全措置命令の申立ての範囲を超える事項につい
て発せられたものであること（同項第5号）^{（注4）}

⑥　仲裁廷の構成又は仲裁手続が、仲裁地が属する国の法令の規定や当
事者間の合意に違反するものであったこと（同項第6号）

⑦　仲裁廷が暫定保全措置命令の申立てをした者に対して相当な担保の
提供を命じた場合において、その者が当該命令に違反し、相当な担保
を提供していないこと（同項第7号）

⑧　仲裁廷等により暫定保全措置命令の取消し等がされたこと（同項第
8号）

⑨　仲裁手続における申立て^{（注5）}が、日本の法令によれば、仲裁合意
の対象とすることができない紛争に関するものであること（同項第9
号）

⑩　暫定保全措置命令の内容が、日本における公序良俗に反すること
（同項第10号）^{（注6）}

（注1）　改正モデル法第17I条(1)が、所定の執行拒否事由が認められる場合に執行を
拒絶することができる（may be refused）と定めていることを踏まえ、新仲裁法では、執
行拒否事由が認められる場合であっても、当該執行拒否事由の性質等に照らし、裁判所の
裁量により執行等認可決定を求める申立てを却下しないこととする余地を認めることとさ
れた。なお、仲裁判断の執行決定を求める申立てにおいても、同様の規定とされている
（仲裁法第46条第7項）。

（注2）　仲裁判断の執行拒否事由についても、同様の規定とされている（仲裁法第46
条第7項）。

（注3）　新仲裁法第47条第7項第3号、第4号及び第6号（本文2③、④及び⑥）の
「仲裁手続」について、暫定保全措置命令に関する部分に限定されているのは、暫定保全
措置命令の発令に影響を与えない手続的な瑕疵をもって、暫定保全措置命令の執行拒否事
由とすることは相当でないと考えられたためである。

（注4）　仲裁判断の執行決定に関する新仲裁法第46条第8項が準用する新仲裁法第45条第3項と同様、暫定保全措置命令の一部にのみ瑕疵がある場合において、暫定保全措置命令全体について執行拒否事由があるとされることを防ぐため、新仲裁法第47条第8項において、同条第7項第5号に規定する事項（暫定保全措置命令が仲裁合意若しくは暫定保全措置命令に関する別段の合意又は暫定保全措置命令の申立ての範囲を超える事項について発せられたものであること）に関する部分を区分することができるときは、当該部分及びその他の部分をそれぞれ独立した暫定保全措置命令とみなして、同項の規定を適用することとされた。

（注5）　新仲裁法第47条第7項第9号にいう「仲裁手続における申立て」については、「仲裁手続」を暫定保全措置命令に関する部分に限ることとはされていない。これは、「仲裁手続における申立て」とは、仲裁判断を求める申立てを指す概念であり、そのうち暫定保全措置命令に関する部分を観念することができないためである。

（注6）　新仲裁法では、改正モデル法第17Ⅰ条(1)(b)(i)の「暫定保全措置が裁判所に与えられた権限と相容れないこと」に相当する規律は設けられていない（なお、法制審議会仲裁法制部会が取りまとめた中間試案においては、「暫定措置又は保全措置が日本の法令によって執行することができないものであること。」との規律を設けることが提案されていた。）。この点については、①このような執行拒否事由を設けないこととしても、我が国の法令によって当該暫定保全措置命令を執行することができない場合には、我が国の手続的公序に反するとの考え方から、新仲裁法第47条第7項第10号等の執行拒否事由があるものとして対処することができると考えられること、②禁止型の暫定保全措置命令については、違反金支払命令に基づく民事執行が可能であるものの、当該暫定保全措置命令自体に基づく民事執行を行うことは想定されていないため、このような執行拒否事由を設けると、かえってその有無について、解釈上の疑義が生じるおそれがあると考えられたことによるものである。

Q30　違反金支払命令とは、どのようなものか。また、違反金の額はどのようにして算定するのか。

A　**1　違反金支払命令とは**

違反金支払命令は、執行等認可決定のある禁止型の暫定保全措置命令の違反又はそのおそれがあると認められるときに、裁判所が発令するものであり（新仲裁法第47条第1項第2号及び第49条第1項）、その確定により[注1]、債務名義となるものである（民事執行法第22条第3号）。

なお、前記の違反又はそのおそれは、違反金支払命令の発令時において認められることが必要であるが、当該違反又はそのおそれが生じた時点において「確定した執行等認可決定がある」ことは必要ではない。例えば、執行等認可決定の発令前に、禁止型の暫定保全措置命令の違反の事実があり、その後に当該暫定保全措置命令について執行等認可決定がされた場合においても、裁判所は違反金支払命令を発令することができる。

2　違反金の額の算定に当たっての考慮要素

違反金支払命令によって裁判所が支払を命ずる金員は、暫定保全措置命令の違反を理由とする法定の違約金としての性質を有する。そこで、新仲裁法では、裁判所は、暫定保全措置命令の違反によって害される利益の内容及び性質、利益が害される態様及び程度を勘案して、相当と認める違反金の額を定めるものとされた（新仲裁法第49条第1項）。

違反金の額の算定は、個別の事案における裁判所の判断によることとなる[注2]が、例えば、

　①　暫定保全措置命令の違反によって事業の継続が不可能となった場合には、事後的な回復が困難であるという事情

　②　暫定保全措置命令に違反して隠滅された証拠について、代替する証拠がないという事情

　③　仲裁手続における本案の請求額が高額であり、暫定保全措置命令の違反によって被る損害も大きいという事情

は、いずれも違反金の額を高める方向に考慮され得るものと考えられる。

3　違反金支払命令と損害賠償請求との関係

　新仲裁法では、違反金支払命令により命じられた金銭の支払があった場合において、暫定保全措置命令の違反により生じた損害の額が支払額を超えるときは、申立人はその超える額について損害賠償の請求をすることを妨げられないこととされた（新仲裁法第49条第6項）^(注3)。

　これは、禁止型の暫定保全措置命令の違反によって申立人に違反金の額を超える損害が生じた場合^(注4)には、別途、その損害の賠償を請求することを認めることが相当であると考えられるためである。

4　暫定保全措置命令が取り消された場合

　例えば、新仲裁法第24条第1項第1号の暫定保全措置命令について、確定した違反金支払命令に基づく民事執行がされた後に、暫定保全措置命令の発令時から金銭債権が存在していなかったことを理由として暫定保全措置命令の取消しがされた場合には、暫定保全措置命令の被申立人は、暫定保全措置命令の申立人に対し、違反金支払命令の取消しを求める（新仲裁法第49条第7項）とともに、違反金相当額について不当利得返還請求をすることができるものと考えられる^(注5)。

　（注1）　新仲裁法第49条第5項により、違反金支払命令は確定しなければ効力を生じないこととされている。この規定は、新仲裁法第47条第9項と同様の趣旨によるものである（Q28（注2））。

　（注2）　例えば、仲裁廷が命じた作為・不作為の内容に一定の幅がある場合において、裁判所が、違反金支払命令の申立てに係る事件における審理の結果として、被申立人による違反又はそのおそれについて具体的な態様等を認定することができるときは、裁判所は、その具体的な態様等を踏まえ、違反金の額を算定することができるものと考えられる。

　（注3）　同様の規定として、間接強制に関する民事執行法第172条第4項がある。

　（注4）　逆に、違反金支払命令に基づく支払額が損害額を超えた場合であっても、申立人は、被申立人に対し、その超えた額を返還する義務を負わないものと考えられる。

　（注5）　仮処分命令における保全すべき権利が、当該仮処分命令の発令時から存在しなかったものと判断され、当該仮処分命令が取り消された場合には、その執行として間接強制決定に基づき取り立てられた金銭につき、不当利得返還請求をすることができるとした判例（最二小判平成21年4月24日民集63巻4号765頁）がある。

Q31　違反金支払命令の申立ての手続は、どのようなものか。

A

1　管轄

　違反金支払命令は、禁止型の暫定保全措置命令に基づく民事執行をするために、執行等認可決定の存在を前提として発令されるものであることから、執行等認可決定をした裁判所が違反金支払命令に係る審理、判断を行うことが相当であると考えられる。また、後記（Q33）のとおり、執行等認可決定と違反金支払命令とを同時にすることも可能とされているところ、この場合には、執行等認可決定に係る審理、判断をする裁判所が、違反金支払命令に係る審理、判断も行うものとすることが相当であると考えられる。

　そこで、新仲裁法では、違反金支払命令の申立てに係る事件は、執行等認可決定をした裁判所及び執行等認可決定を求める申立てに係る事件が係属する裁判所の管轄に専属するものとされた（新仲裁法第49条第3項）。

2　審理の対象

　違反金支払命令の申立てに係る事件における審理の対象は、①被申立人による禁止型の暫定保全措置命令の違反又はそのおそれの有無と②違反金の額である。執行拒否事由の有無が、重ねて審理されることはない。

3　必要的審尋

　違反金支払命令の申立てについての決定は、口頭弁論又は当事者双方が立ち会うことができる審尋の期日を経なければすることができない（新仲裁法第49条第8項、第44条第4項）。

4　即時抗告

　違反金支払命令の申立てについての決定に対しては、即時抗告をすることができる（新仲裁法第49条第8項、第44条第7項）。

5　暫定保全措置命令の取消し等の申立てがあった場合の手続の中止等

　違反金支払命令を発令するためには、暫定保全措置命令の違反又はそのお

それの存在が要求されている（新仲裁法第49条第1項）ところ、暫定保全措置命令の取消し等がされた場合には、「暫定保全措置命令の違反又はそのおそれ」を観念することができず、違反金支払命令を発令することはできないものと考えられる。また、執行等認可決定が確定した場合であっても、その後に生じた事情の変更を理由として仲裁廷において暫定保全措置命令が取り消され得ることから、違反金支払命令が執行等認可決定の確定後にされるか、執行等認可決定と同時にされるかにかかわらず、裁判所は、暫定保全措置命令の取消し等の申立てがあった場合には、当該申立てに対する判断を待ってから、違反金支払命令の申立てに係る決定をすることができるものとすることが相当である。

　そこで、新仲裁法では、違反金支払命令の申立てに係る手続について、暫定保全措置命令の取消し等の申立てがあった場合には、当該手続を中止すること等ができることとされた（新仲裁法第49条第8項、第47条第3項）（注）。

　（注）　新仲裁法では、暫定保全措置命令の取消し等がされた場合に、執行等認可決定を取り消す旨の規定は設けられていない。これは、仲裁判断が取り消された場合に、仲裁判断の執行決定を取り消す旨の規定が設けられていないことと同様の考え方によるものである。すなわち、仲裁判断又は暫定保全措置命令が取り消された場合には、執行決定又は執行等認可決定を取り消すまでもなく、当該仲裁判断又は暫定保全措置命令に基づく民事執行は許されないこととなるため、執行決定又は執行等認可決定を取り消す実益がないものと考えられる。

Q32 新仲裁法第24条第1項第3号に掲げる措置を講ずることを命ずる暫定保全措置命令について、違反金支払命令を発令することができないこととした理由は、どのようなものか。

A 　予防・回復型の暫定保全措置命令（新仲裁法第24条第1項第3号に掲げる措置を講ずることを命ずるもの）については、執行等認可決定がある場合に、当該暫定保全措置命令に基づく民事執行をすることができるものとされており（新仲裁法第47条第1項第1号、第48条）、その違反を理由に、裁判所が違反金支払命令を発令することはできない。

　これは、予防・回復型の暫定保全措置命令については、確定した執行等認可決定のある暫定保全措置命令を債務名義として民事執行をする(注)ことにより、債権者の目的を達成することができるものと考えられ、これに加えて、違反金支払命令の発令を可能とする必要があるとの意見は特にみられなかったためである。

　（注）　ここにいう民事執行には、民事執行法上の直接強制、代替執行のほか、間接強制も含まれる。したがって、例えば、被申立人が申立人との独占的販売契約を解除して申立人に対する商品の供給を停止するとともに、第三者と契約を締結して当該第三者に商品を供給したとの事案において、仲裁廷が、予防・回復型の暫定保全措置命令として、被申立人に対して当該第三者への商品の供給の中止（差止め）を命じたにもかかわらず、被申立人がこれに違反した場合には、確定した執行等認可決定のある当該暫定保全措置命令に基づく民事執行として、間接強制をすることができるものと考えられる。

Q33　新仲裁法第24条第1項第1号、第2号、第4号及び第5号に掲げる措置を命ずる暫定保全措置命令について、執行等認可決定と違反金支払命令とを同時に発令することができることとした理由は、どのようなものか。

A　新仲裁法では、原則として、違反金支払命令を発令するには、確定した執行等認可決定があることが必要とされている（新仲裁法第49条第1項）が、裁判所において、執行等認可決定と違反金支払命令とを同時に発令することもできることとされた（同条第2項前段）。

これは、執行等認可決定の確定を待たずとも、違反金支払命令の発令を受けることができるものとし、被申立人に対して暫定保全措置命令に違反した場合の不利益を早期に告知するとともに、迅速な民事執行を可能とするためである。

もっとも、違反金支払命令は、執行等認可決定があることを前提とするものであることから、違反金支払命令は、執行等認可決定が確定するまでは確定しないものとされた（新仲裁法第49条第2項後段）。そのため、違反金支払命令に基づく民事執行をするためには、執行等認可決定が確定する必要がある（Q28（注3））。

なお、裁判所は、違反金支払命令を執行等認可決定と同時にした場合において、執行等認可決定を取り消す裁判が確定したとき又は執行等認可決定を求める申立てが取り下げられたときは、職権で違反金支払命令を取り消さなければならないこととされた（新仲裁法第49条第4項）(注)。

（注）「執行等認可決定を取り消す裁判が確定したとき」とは、例えば、執行等認可決定に対して即時抗告がされ、即時抗告審において執行等認可決定を取り消す裁判がされ、それが確定したときが想定されている。また、「第47条第1項の申立てが取り下げられたとき」とは、例えば、執行等認可決定が違反金支払命令と同時にされてから執行等認可決定が確定するまでの間に、執行等認可決定を求める申立てが取り下げられたときが想定されている。

Q34　新仲裁法第24条第1項第1号、第2号、第4号及び第5号に掲げる措置を命ずる暫定保全措置命令について執行等認可決定が発令された場合には、違反金支払命令の申立てをしなければならないのか。

A

1　違反金支払命令の申立ては必須ではないこと

　新仲裁法では、禁止型の暫定保全措置命令（新仲裁法第24条第1項第1号、第2号、第4号及び第5号に掲げる措置を講ずることを命ずるもの）について、執行等認可決定がされた場合に、必ず違反金支払命令の申立てをしなければならないこととはされていない（新仲裁法第49条第1項）。

2　理由

① 　仲裁実務においては、裁判所が執行等認可決定をし、暫定保全措置命令に執行拒否事由がないことが示されることにより、暫定保全措置命令を受けた者は、それに基づく民事執行を回避するため、暫定保全措置命令を遵守する可能性が高まるものと考えられること

② 　違反金の額等に関する審理に相応の時間を要する事案も想定されるため、常に違反金支払命令の申立てをしなければならないこととすると、かえって当事者に酷な結果を招くおそれがあること

との理由から、暫定保全措置命令の申立人は、執行等認可決定がされた場合であっても、違反金支払命令に基づく民事執行をする必要があると考えたときに、違反金支払命令の申立てをすればよいこととされた。

Q35
仲裁関係事件手続に関し、東京地方裁判所及び大阪地方裁判所に競合管轄を認めた理由は、どのようなものか。

A

1 競合管轄を認めた理由

新仲裁法では、仲裁関係事件手続（仲裁手続に関して裁判所が行う手続）について、東京地方裁判所及び大阪地方裁判所にも管轄を拡大することとされた。

仲裁関係事件手続としては、例えば、仲裁判断の執行決定（仲裁法第46条）や仲裁判断の取消し（仲裁法第44条）等に関するものがある。これらの手続では、専門性の高い内容が扱われる事案や、仲裁判断書の翻訳文提出の省略（Q37）に対応する必要がある事案が一定程度想定されること等から、裁判所における専門的な事件処理態勢を構築し、手続の一層の適正化及び迅速化を図るため、東京地方裁判所及び大阪地方裁判所にも競合管轄を認めることとされたものである（注1）（新仲裁法第5条第2項、第8条第2項第2号（注2）、第35条第3項第4号、第46条第4項第3号及び第47条第4項第3号）。

2 個別の規定について

新仲裁法第46条第4項第3号（仲裁判断の執行決定）及び第47条第4項第3号（暫定保全措置命令の執行等認可決定）の規定は仲裁地が日本国外にある場合にも適用されるところ（仲裁法第3条第3項）、その場合に常に東京地方裁判所及び大阪地方裁判所に管轄を認めることとすると、例えば、我が国との関連性を有しない外国法人について我が国の裁判所の管轄が過剰に生ずるおそれがあることから、我が国との一定程度の関連性を有する場合に限定するため、「仲裁地、被申立人の普通裁判籍の所在地又は請求の目的若しくは差し押さえることができる被申立人の財産の所在地が日本国内にある場合」に限り、競合管轄を認めることとされた。

なお、仲裁法第12条（書面によってする通知）については、同条第4項の定める地方裁判所に加え、東京地方裁判所及び大阪地方裁判所にも競合管轄を認める必要性は乏しいと考えられることから、管轄を拡大することとはされていない。

　（注1）　本文1に記載した趣旨に照らし、より広く東京地方裁判所及び大阪地方裁判所に競合管轄を認めることが相当であることから、被申立人の普通裁判籍の所在地等に応じていずれかの裁判所に振り分けることとはされていない。

　（注2）　新仲裁法第35条第3項等では「第5条第1項及び第2項の規定にかかわらず」と規定されているのに対し、新仲裁法第8条第2項では「第5条第1項の規定にかかわらず」と規定されている。これは、新仲裁法第5条第2項の規定は、仲裁地が日本国内にあるときに適用されるものであるのに対し、新仲裁法第8条の規定は、仲裁地が定まっていない場合に適用されるものであることから、同条第1項各号に掲げる申立てに係る事件について、新仲裁法第5条第2項の規定が適用されることはないと考えられるためである。

（参考）仲裁関係事件手続における具体的な管轄の規律（引用する条番号は新仲裁法のもの）

	手続の内容	管轄の規律（専属管轄）	根拠規定
1	仲裁地が定まっていない場合における裁判所の関与（第8条第1項）	①　申立人又は被申立人の普通裁判籍（最後の住所により定まるものを除く。）の所在地を管轄する地方裁判所 ②　東京地方裁判所及び大阪地方裁判所	第8条第2項
2	裁判所による送達の決定（第12条第2項）	①　当事者が合意により定めた地方裁判所 ②　仲裁地（一の地方裁判所の管轄区域のみに属する地域を仲裁地として定めた場合に限る。）を管轄する地方裁判所 ③　名宛人の住所等の所在地を管轄する地方裁判所	第12条第4項 第5条第1項第1号及び第2号
3	仲裁人の数の決定（第16条第3項）	①　当事者が合意により定めた地方裁判所 ②　仲裁地（一の地方裁判所の管轄区域のみに属する地域を仲裁地として定めた場合に限る。）を管轄する地方裁判所 ③　被申立人の普通裁判籍の所在地を管轄する地方裁判所 ④　東京地方裁判所及び大阪地方裁判所	第5条第1項各号 第5条第2項
4	仲裁人の選任（第17条第2項から第5項まで）		
5	仲裁人の忌避（第19条第4項）		
6	仲裁人の解任（第20条）		
7	仲裁廷の仲裁権限の有無についての判断（第23条第5項）		

8	裁判所により実施する証拠調べ (第35条第1項)	① 仲裁地（一の地方裁判所の管轄区域のみに属する地域を仲裁地として定めた場合に限る。）を管轄する地方裁判所 ② 尋問を受けるべき者若しくは文書を所持する者の住所若しくは居所又は検証の目的の所在地を管轄する地方裁判所 ③ 申立人又は被申立人の普通裁判籍の所在地を管轄する地方裁判所（上記①及び②に掲げる裁判所がない場合に限る。） ④ 東京地方裁判所及び大阪地方裁判所	第35条第3項 第5条第1項第2号
9	仲裁判断の取消し (第44条第1項)	（前記3～7と同じ）	
10	仲裁判断の執行決定 (第46条第1項)	① 当事者が合意により定めた地方裁判所 ② 仲裁地（一の地方裁判所の管轄区域のみに属する地域を仲裁地として定めた場合に限る。）を管轄する地方裁判所 ③ 当該事件の被申立人の普通裁判籍の所在地を管轄する地方裁判所 ④ 請求の目的又は差し押さえることができる被申立人の財産の所在地を管轄する地方裁判所	第46条第4項 第5条第1項各号
11	暫定保全措置命令の執行等認可決定 (第47条第1項)		第47条第4項 第5条第1項各号
		⑤ 東京地方裁判所及び大阪地方裁判所（仲裁地、被申立人の普通裁判籍の所在地又は請求の目的若しくは差し押さえることができる被申立人の財産の所在地が日本国内にある場合に限る。）	
12	暫定保全措置命令に係る違反金支払命令 (第49条第1項)	① 執行等認可決定をした裁判所 ② 執行等認可決定を求める申立てに係る事件が係属する裁判所	第49条第3項

Q36 仲裁関係事件手続における移送については、どのような改正がされているか。

A

1　改正の趣旨及び概要

　前記（Q35）のとおり、新仲裁法では、仲裁関係事件手続の通則的な規律として、東京地方裁判所及び大阪地方裁判所に競合管轄を認める規定が設けられている（新仲裁法第5条第2項）ところ、これにより、とりわけ仲裁関係事件手続の当事者がいずれも国内に所在する場合につき、被申立人の管轄の利益を害するおそれが生じ得る。この点につき、旧仲裁法においては、管轄違いによる移送（旧仲裁法第5条第3項）のほかに仲裁関係事件手続一般について適用される移送に関する規律は設けられておらず、旧仲裁法第10条により民事訴訟法の移送に関する規定が準用されるか否かは必ずしも明確でなかった。

　そこで、新仲裁法では、仲裁関係事件手続一般に適用される通則的な規律として、競合管轄の規定と併せて、裁判所の裁量に基づく移送の規定が新設された（新仲裁法第5条第5項）。

　これにより、旧仲裁法において個別に設けられていた裁量移送の規定（仲裁判断の取消しに関する旧仲裁法第44条第3項及び仲裁判断の執行決定に関する旧仲裁法第46条第5項）は削ることとされた。

2　当事者の申立権

　新仲裁法第5条第5項では、管轄違いによる移送（同条第4項）と同様、当事者の申立てによる移送もできることとされた。

　これは、①旧仲裁法においても、仲裁判断の取消し及び執行決定の申立てに係る事件について、裁判所の職権による移送のみならず、当事者の申立てによる移送も認めていたこと（旧仲裁法第44条第3項及び第46条第5項）、②東京地方裁判所及び大阪地方裁判所に競合管轄を認める規律を設けるのであれば、被申立人の管轄の利益を図る観点から、当事者（被申立人）の申立てによる移送を認めることが相当であるとの考え方によるものである。

3　不服申立て

　新仲裁法においても、旧仲裁法における規律と同様、仲裁判断の取消し、仲裁判断の執行決定及び暫定保全措置命令の執行等認可決定を求める申立てに係る事件については、移送の裁判に対して即時抗告をすることができることとされたが（新仲裁法第44条第3項、第46条第5項及び第47条第5項）、それ以外の事件については、移送の裁判に対して即時抗告をすることができることとはされていない。

　これは、仲裁関係事件手続一般について移送の裁判に対する即時抗告を可能とすると、その後の仲裁手続における審理が遅延するおそれがある一方、仲裁手続が終了した後であればそのようなおそれはなく、即時抗告を可能とすることが相当であるとの考え方によるものである。

4　具体例

　仲裁関係事件手続について、二以上の裁判所が管轄権を有するときは、先に申立てがあった裁判所が管轄することとなり、当該裁判所以外の裁判所は管轄権を有しないこととなる（新仲裁法第5条第3項）ところ、裁判所が相当と認めるときは、同項の規定により管轄権を有しないこととされた裁判所、すなわち、法律上管轄権を有するとされていた裁判所のうち先に申立てがあった裁判所以外の裁判所に事件を移送することができることとなる。

　この規定により、例えば、東京地方裁判所及び大阪地方裁判所以外の裁判所に仲裁判断の執行決定を求める申立てがされた場合であっても、個別の事案において、裁判所が相当と認めるときは、東京地方裁判所や大阪地方裁判所に事件を移送することができることとなる（注）。

　（注）　仲裁判断の執行決定を求める申立てについては、新仲裁法第46条第4項第3号の規定により、東京地方裁判所及び大阪地方裁判所にも競合管轄が認められる（Q35）。

Q37 仲裁判断の執行決定を求める申立てにおいて、仲裁判断書の日本語による翻訳文の提出に関する規定を改正した理由は、どのようなものか。

A 旧仲裁法の下では、裁判所に仲裁判断の執行決定を求める申立てをするときは、仲裁判断書の写しを提出する必要があり、仲裁判断書が外国語で作成されている場合には、日本語による翻訳文を提出しなければならないこととされていた（旧仲裁法第46条第2項）。

しかしながら、仲裁手続においては、我が国を仲裁地とするものであっても、当事者間の合意により、外国語（特に英語）が使用されることが多いため、仲裁判断に基づく民事執行をする際に仲裁判断書の翻訳文の提出が必要であるとすると、手続の迅速な進行を妨げるとの指摘があった。特に、仲裁判断書は、仲裁手続の経緯等が詳細に記載され、大部となることが多いため、翻訳文の作成の負担が重い一方で、裁判所における審理のための必要性が乏しい部分もあるとの指摘があった。

そこで、当事者の負担軽減を図る観点から、新仲裁法では、仲裁判断の執行決定を求める申立てにおいて、裁判所が相当と認めるときは、被申立人の意見を聴いて、仲裁判断書の翻訳文の提出を省略することができることとされた（新仲裁法第46条第2項ただし書）[注1][注2]。

（注1）　暫定保全措置命令の執行等認可決定を求める申立てについても、裁判所が相当と認めるときは、被申立人の意見を聴いて、暫定保全措置命令の命令書について翻訳文の提出を省略することができることとされた（新仲裁法第47条第2項ただし書。Q28の1）。

（注2）　法制審議会が決定した「仲裁法の改正に関する要綱」では、仲裁関係事件手続において、外国語で作成された文書について書証の申出がされた場合にも、裁判所が相当と認めるときは、翻訳文の添付の省略を可能とするとの内容が盛り込まれているが、この点については、最高裁判所規則（仲裁関係事件手続規則（平成15年最高裁判所規則第27号））の改正により対応することとされた。

Q38 仲裁判断の執行決定を求める申立てにおいて、仲裁判断書の日本語による翻訳文の提出の省略が認められるのは、どのような場合か。

A　**1　裁判所が「相当と認めるとき」との要件の趣旨**

　仲裁判断書の日本語による翻訳文の作成は、仲裁判断の執行決定を求める当事者にとって重い負担となる一方で、仲裁判断書の翻訳文が提出されなくとも、当事者としては、仲裁判断書で使用されている言語を自ら選択していることからその手続保障に欠けることはなく、裁判所としても、執行拒否事由の有無が審理される限りにおいては、適正な判断をすることができる場合があるものと考えられる(注1)。

　そのような場合に該当するか否かは、事案に応じた裁判所の適正な判断に委ねるのが適切であると考えられることから、新仲裁法では、裁判所が「相当と認めるとき」に、被申立人の意見を聴いて(注2)、翻訳文の提出を省略することができることとされた（新仲裁法第46条第2項ただし書）。

2　翻訳文の提出の省略が認められる例

　前記1の趣旨に照らし、翻訳文の提出の省略を認めるか否か及びどの範囲で省略を認めるかについては、裁判所が、個別の事案において、被申立人の意見を聴いた上、審理のための必要性等を踏まえて判断することとなる(注3)。

　具体的には、仲裁判断の執行決定を求める申立てについては、その申立ての趣旨を特定するとともに債務名義となるべき給付文言を特定するため、仲裁判断書のうち主文に相当する部分や仲裁判断の特定に必要となる部分（仲裁判断書の作成日、仲裁人及び当事者の氏名等が想定される。）については、翻訳文の提出を求める一方、仲裁判断書のうち理由に相当する部分については、当事者の手続保障に欠けることはなく、争点との関係で裁判所の適正な判断にも支障がないと考えられるときは、翻訳文の提出の省略を認めることが想定される。また、執行決定の申立書等において、債務名義となるべき給付文言が日本語で記載され、裁判所及び当事者においてその記載内容に問題がないことが確認されたときは、仲裁判断書の全部について翻訳文の提出を

省略することができる場合もあり得るものと考えられる。

　（注1）　このような場合においては、仲裁判断書の翻訳文の提出を省略することを認めたとしても、裁判所では日本語を用いることを定める裁判所法（昭和22年法律第59号）第74条の趣旨に反するものではないと考えられる。

　（注2）　申立人は、仲裁判断の執行決定を求める申立てに際し、翻訳文の提出は不要であると考えた場合は、これを提出せずに申立てをすることが想定される。そのため、仲裁判断書の翻訳文の提出の省略を認めるか否かが問題となる場合において、省略が認められることによって手続保障に欠けるおそれが生じ得るのは、被申立人であると考えられることから、当事者双方ではなく、被申立人の意見を聴けば足りるとされたものである。なお、新仲裁法の規定によっても、申立人において、被申立人の意見に反論する機会が排除されるものではない。

　（注3）　仲裁判断の執行決定を求める申立てについては、新仲裁法第46条第4項第3号の規定により、東京地方裁判所及び大阪地方裁判所にも競合管轄が認められた（Q35）。これを踏まえ、令和5年4月から、東京地方裁判所に新たに係属する仲裁関係事件については、知的財産権に関する事件は知的財産権部に、それ以外の事件は商事部に集中的に配てんされるなど、裁判所において専門的な事件処理態勢の構築が進められている。

Q39　仲裁合意の方式については、どのような改正がされているか。

A
1　改正の概要

　旧仲裁法では、仲裁合意は、原則として、書面によってしなければならないこととされていた（旧仲裁法第13条第2項）が、電磁的記録によることも可能とされており（同条第4項）^(注1)、書面性の要件は一定程度緩和されていた。

　新仲裁法では、改正モデル法の規律^(注2)を踏まえ、書面性の要件を更に緩和し、書面によらないでされた契約であっても、仲裁条項が記載され又は記録された文書又は電磁的記録が当該契約の一部を構成するものとして引用されているときは、書面性の要件を満たすこととされた（新仲裁法第13条第6項）。

2　具体例

　例えば、海上で沈んだ船舶を引き上げる契約（サルベージ契約）は、緊急性が高いため、口頭で締結されることが多いところ、新仲裁法の下では、この契約において、仲裁条項を含むモデル約款等^(注3)が口頭で引用されたときは、書面性の要件が満たされる場合があるものと考えられる。

　（注1）　旧仲裁法第13条第4項の規定は、モデル法の改正を先取りする形で、仲裁法に盛り込まれていた（Q8（注2））。
　（注2）　改正モデル法は、仲裁合意の方式について、書面性の要件を維持しつつ、その内容を大幅に緩和するオプションⅠと、書面性の要件を撤廃するオプションⅡの2つを提示している。旧仲裁法第13条は、改正モデル法（オプションⅠ）の規律におおむね対応しているものの、改正モデル法第7条(6)の規律（契約の中に仲裁条項を含む書面への言及があり、その言及が仲裁条項を契約の一部とするものであるときは、書面による仲裁合意があるものとする。）に対応した規定は設けられていなかった。そこで、新仲裁法第13条第6項の規定を設けることにより、改正モデル法（オプションⅠ）に対応することとされたものである。
　（注3）　例えば、ロイズ救助契約標準書式（LOF）等が挙げられる。

Q40　仲裁手続のデジタル化については、どのような検討がされたのか。

A　法制審議会仲裁法制部会における調査審議では、仲裁手続のデジタル化に関し、仲裁手続における口頭審理（仲裁法第32条第1項）をオンラインの方法により実施することの可否や、同条の規律を見直すことの当否について検討された。

　まず、近年のIT化の進展等に伴い、インターネット接続環境下の任意の場所において、ウェブ会議用ソフトウェアを利用してビデオ通話を行う方法で実施することにより、実質において仲裁廷及び当事者らが一堂に会するのと同様の状態に置くことが可能となっており、口頭審理の機能は十分に確保されていることから、当事者間の合意がある場合（仲裁法第26条第1項）には、現行仲裁法の下でも、その合意に基づき、オンラインでの口頭審理が可能であることに特段の異論はみられなかった[(注)]。

　そこで、当事者の少なくとも一方が反対した場合におけるオンラインでの口頭審理に関する規律を設けることを念頭に、仲裁法第32条の規律を見直すことの当否についても検討されたが、この点については、意見が分かれた。

　仲裁法の見直しに積極的な意見としては、当事者間の合意がない場合であっても、仲裁廷の判断によりオンラインでの口頭審理が可能であることを明確にする必要があることや、一方の当事者が引き延ばしを図るために反対している場合等、仲裁廷の判断により口頭審理をオンラインの方法により実施することができるものとする必要があることから、仲裁法第32条を改正すべきであるとの意見があった。

　これに対し、仲裁法の見直しに消極的な意見としては、①口頭審理に際していわゆるコーチング等の不正が行われ、当事者の防御権が侵害されるおそれもあることから、当事者間の合意がない場合に、仲裁廷の判断によりオンラインでの口頭審理を認めることには慎重であるべきとの意見や、②仲裁法第32条はモデル法に対応した規定であると評価されているところ、それにもかかわらず、仲裁法第32条を改正し、モデル法と異なる規律を採用した場合には、我が国の仲裁法がモデル法に対応していないと評価されるおそれがあることから、仲裁法第32条の改正については慎重に検討する必要があ

るとの意見があった。

　以上を踏まえ、今回の改正では、仲裁法第 32 条の改正等の仲裁手続のデジタル化に関する改正はしないこととされた。

　（注）　例えば、日本商事仲裁協会（JCAA）の商事仲裁規則 2021 では、オンラインでの口頭審理が可能であることを前提に、「審問を行う場合、仲裁廷は、ビデオ会議その他の方法も選択肢に入れて、適切な方法を選択するものとする。」と定められている（同規則第 50 条第 3 項）。

Q41　緊急仲裁人に関する規律を設けていない理由は、どのようなものか。

A

1　緊急仲裁人とは

　緊急仲裁人とは、仲裁機関の仲裁規則において導入されている制度(注1)であり、仲裁廷が構成されるまでには仲裁手続の開始から一定の期間を要することから、その間、緊急に暫定保全措置命令の発令を受ける必要がある場合に選任されるものである。

2　規律が設けられていない理由

　法制審議会仲裁法制部会における調査審議では、

①　改正モデル法には緊急仲裁人に関する規律が設けられておらず、仲裁機関が必要に応じて仲裁規則で定めれば足りると考えられること(注2)

②　緊急仲裁人に関する規律を設けている仲裁規則(注3)においても、緊急仲裁人による暫定保全措置命令は仲裁廷を拘束せず、仲裁廷が事後的に当該暫定保全措置命令の変更等をすることができるものとされていること(注4)

から、仲裁法において、緊急仲裁人に関する規律を設けないこととすることに特段の異論はみられなかった。

　そこで、今回の改正では、緊急仲裁人に関する規律を設けないこととされた。

（注1）　例えば、シンガポール国際仲裁センター（SIAC）や日本商事仲裁協会（JCAA）の仲裁規則においては、緊急仲裁人による暫定保全措置命令の発令が可能とされている。各国法においては、例えば、シンガポール仲裁法は、「仲裁廷」には緊急仲裁人も含まれるとの規定を設けている。

（注2）　新仲裁法の下においては、緊急仲裁人は当然に「仲裁廷」に該当するものではないが、当事者間において、緊急仲裁人の制度を導入している仲裁規則を適用する旨の合意がされた場合には、緊急仲裁人による暫定保全措置命令の発令を排除する別段の合意がない限り、緊急仲裁人による暫定保全措置命令は有効であると考えられる。

（注3）　例えば、日本商事仲裁協会（JCAA）の商事仲裁規則2021の第78条参照。

（注4）　仲裁廷による変更等がされた後の暫定保全措置命令については、我が国の裁判所において、「暫定保全措置命令」（仲裁廷が発した命令であって、新仲裁法第24条第1項各号に掲げる措置を講ずることを命ずる命令）に該当すると認められる場合には、執行等認可決定を得ることにより、我が国において民事執行をすることができるものと考えられる。仲裁廷が暫定保全措置命令の変更等をする際には、変更等がされた後の暫定保全措置命令は仲裁廷が発した命令である旨を明らかにするとともに、同項のいずれの号に掲げる措置として命ずるものであるのかを明らかにすることが望ましいものと考えられる。

Q42　予備保全命令に関する規律を設けていない理由は、どのようなものか。

A
1　予備保全命令とは

　予備保全命令とは、改正モデル法において採用されたものであり、仲裁廷が、暫定保全措置命令の被申立人に対して通知をすることが暫定保全措置命令の目的を損なうおそれがあると認めた場合に、一方当事者の申立てにより、他方の当事者に通知することなく発令することができるものをいう。そこで、今回の改正に際し、予備保全命令に関する規律を設けるか否かが検討された。

2　規律が設けられていない理由

　法制審議会仲裁法制部会における調査審議では、

①　予備保全命令は、被申立人が関与せずに発令されるため、両当事者の公平な取扱い及び十分な反論の機会の付与という仲裁の基本原則（仲裁法第25条参照）に反するものであるとして、モデル法改正時においても強い反対意見があり、今回の検討においても同様の意見があったこと

②　改正モデル法の定める予備保全命令については、発令後直ちに被申立人にその旨を通知し、反論の機会を与えなければならないとされていることから、予備保全命令に基づいて民事執行をする時点では被申立人に知られることとなり、密行性は十分に担保されないこと

③　モデル法改正に対応していると評価されている国の仲裁法でも、予備保全命令に関する規律が設けられていない例があること[注]

から、予備保全命令に関する規律を設けないものとすることに特段の異論はみられなかった。

　そこで、今回の改正では、予備保全命令に関する規律を設けないこととされた。

　（注）　例えば、大韓民国の仲裁法は、予備保全命令に関する規律を設けていないが、UNCITRAL事務局により、改正モデル法に対応したものとされている。また、新仲裁法

は予備保全命令に関する規律を設けていないが、我が国も、今回の改正により、改正モデル法に対応したものとされている（Q8（注3））。

Q43 暫定保全措置命令の承認に関する規律を設けていない理由は、どのようなものか。

A

1　改正モデル法の規定

改正モデル法第 17 H 条(1)は、第 17 I 条(1)の定める拒否事由が認められない限り、当該暫定保全措置は拘束力を有するものとして承認されなければならない（shall be recognized as binding）との規定を設けている。そこで、今回の改正に際し、暫定保全措置命令の承認に関する規律を設けるか否かが検討された。

2　規律が設けられていない理由

法制審議会仲裁法制部会における調査審議では、

① 暫定保全措置命令は、外国裁判所による確定判決や仲裁廷による仲裁判断とは異なり、本案の権利関係につき既判力が認められるものではないことから、「承認」の概念を用いることは相当でないこと

② 拘束力の内実の理解や拘束力が及ぶ範囲については様々な意見があり、規律を設けることとした場合における適切な文言が必ずしも見当たらないこと

③ 暫定保全措置命令の承認に関する規律を設けないこととしても、我が国の裁判所が執行等認可決定（新仲裁法第 47 条）をすることにより、我が国の法秩序において暫定保全措置命令を受け入れることが明確になると考えられること

から、結論として、暫定保全措置命令の承認に関する規律を設けないこととすることに特段の異論はみられなかった。

そこで、今回の改正では、暫定保全措置命令の承認に関する規律を設けないこととされた。

Q44　仲裁法附則第3条及び第4条の見直しがされなかった理由は、どのようなものか。

A　1　仲裁法附則第3条及び第4条の規定の概要

　仲裁法附則第3条は、当分の間、消費者は、消費者と事業者との間に成立した仲裁合意を解除することができる旨等の特例を、附則第4条は、当分の間、将来において生ずる個別労働関係紛争を対象とする仲裁合意は無効とする旨の特例を、それぞれ定めている。

2　見直しがされなかった理由

　仲裁法改正法では、仲裁法附則第3条及び第4条に関する改正はされていない。これは、平成15年に仲裁法が制定された後、消費者と事業者との間の仲裁合意又は個別労働関係紛争を対象とする仲裁合意に関する事例の蓄積が乏しく、今回の改正に当たっても、特に仲裁法附則第3条及び第4条の見直しを求める意見がなかったことによるものである。

第3章 条約実施法の制定関係

Q45　条約実施法の概要は、どのようなものか。

A　条約実施法は、シンガポール条約の締結に伴い、その的確な実施を確保するため、調停において成立した和解合意に基づく民事執行を可能とする制度を創設することにより、裁判外の紛争解決手続である調停について、最新の国際水準に対応する形で強化を図り、その利用を一層促進することを目的とするものである。そのため、条約実施法の規定は、基本的にシンガポール条約の規定に準拠するものとなっているが、その概要は次のとおりである。

　まず、条約実施法では、民事又は商事の紛争に係る調停において当事者間に成立した合意であって、当事者の全部又は一部が日本国外に主たる事務所を有するとき等の一定の事由に該当するものが「国際和解合意」と定義され（Q48の2）、国際和解合意の当事者が、シンガポール条約又はシンガポール条約の実施に関する法令に基づき民事執行をすることができる旨の合意（以下本章において「民事執行の合意」という。）をしたものについては、我が国における強制執行が可能とされている（Q50）。

　そして、条約実施法では、国際和解合意に基づいて民事執行をしようとする当事者は、裁判所に対して執行決定を求める申立てをしなければならず、その申立てを受けた裁判所は、国際和解合意が効力を有しないものでないか等の執行拒否事由の有無を審査することとされるなど、執行決定の手続に関する規定が整備されている（Q59の2）。

　なお、民整法による条約実施法の改正に伴い、条約実施法の条番号が改められているが、本書では、同改正前の条約実施法の条番号に基づいて解説する（同改正による条約実施法の新旧対照条文については資料4を参照されたい。）。

（参考）シンガポール条約の署名国・締約国（令和6年5月1日現在）

○署名国（57か国）

　アフガニスタン、アルメニア、オーストラリア、ベラルーシ、ベナン、ブラジル、ブルネイ、チャド、チリ、中華人民共和国、コロンビア、コンゴ民主共和国、コンゴ共和国、エクアドル、エスワティニ、フィジー、ガボン、ジョージア、ガーナ、グレナダ、ギニアビサウ、ハイチ、ホンジュラス、インド、イラン、イラク、イスラエル、ジャマイカ、ヨルダン、カザフスタン、大韓民国、ラオス、マレーシア、モルディブ、モーリシャス、モンテネグロ、ナイジェリア、北マケドニア、パラオ、パラグアイ、フィリピン、カタール、ルワンダ、サモア、サウジアラビア、セルビア、シエラレオネ、シンガポール、スリランカ、東ティモール、トルコ、ウガンダ、ウクライナ、イギリス、アメリカ合衆国、ウルグアイ、ベネズエラ

○締約国（14か国）

　ベラルーシ、エクアドル、フィジー、ジョージア、ホンジュラス、日本、カザフスタン、カタール、ナイジェリア、サウジアラビア、シンガポール、スリランカ、トルコ、ウルグアイ

Q46　国際的な和解合意に関する新法を制定した理由は、どのようなものか。

A　シンガポール条約は、調停による国際的な和解合意の執行等に関する国際的な枠組みを定めるものであるところ、締約国に対し、主に、①条約に定める条件の下に、かつ、自国の手続規則に従って、調停による和解合意を執行すること、②当事者が和解合意によって解決されたと主張する事項に関して紛争が生ずる場合には、当該当事者に対し、当該事項が既に解決されていることを証明するため、条約に定める条件の下に、かつ、自国の手続規則に従って、当該和解合意を援用することを認めることを義務付けている（シンガポール条約第3条1及び2）。

　他方、シンガポール条約は、その実施のために締約国内でどのような手続を定めるかについては具体的な規定を置いておらず、それぞれの締約国に委ねているが、我が国においては、国際的な和解合意であるか否かにかかわらず、民間調停により成立した和解合意に執行力を付与することを可能とする法令は存在しなかった。

　そこで、我が国がシンガポール条約を締結するに当たり、その対象となる和解合意に執行力を付与するための手続を定める法律が必要となったことから、今回、そのための法律を新たに制定することとされたものである。

　このような趣旨に照らし、条約実施法第1条では、条約実施法は、シンガポール条約の実施に関し必要な事項を定めるものであるとされ、条約が我が国で効力を生じた場合に、国内担保法としての性格を有するものであることが明らかにされている。

Q47　条約実施法においては、「調停」及び「調停人」について、どのような規定が設けられているか。

A　**1　調停**

条約実施法第2条第1項では、「調停」について、その名称や開始の原因となる事実のいかんにかかわらず^(注1)、一定の法律関係（契約に基づくものであるかどうかを問わない。）に関する民事又は商事の紛争の解決をしようとする紛争の当事者のため、当事者に対して紛争の解決を強制する権限を有しない第三者が和解の仲介^(注2)を実施し、その解決を図る手続をいうと定義されている^(注3)。

併せて、条約実施法第2条第1項では、調停の前提となる紛争の範囲につき、「一定の法律関係（契約に基づくものであるかどうかを問わない。）に関する民事又は商事の紛争」^(注4)であることが明らかにされている。ここで「民事又は商事の紛争」とされているのは、シンガポール条約が商事紛争を解決するための和解合意に適用されるものであることを明示している（シンガポール条約第1条1。ただし、「商事」の内容は定義されていない。）ことに鑑み、条約実施法においても、商事紛争に対応するものであることを明確にする趣旨であるが、我が国の国内法における「商事」の用例は多義的であり、その外延は必ずしも明確ではなく、「商事」のみに限定するとシンガポール条約よりも適用範囲が狭くなるおそれを払拭することができないことから、「民事又は商事」とされている。

2　調停人

条約実施法第2条第2項では、「調停人」について、調停において和解の仲介を実施する者をいうと定義されている。そして、同条第1項の規定と併せて読むと、条約実施法における「調停人」とは「当事者に対して紛争の解決を強制する権限を有しない第三者」であって、「調停において和解の仲介を実施する者」をいうこととなる。

なお、シンガポール条約は、「調停人」について、「当事者に〔紛争の〕解決を強制する権限を有しない〔単独又は複数の〕第三者」（〔　〕内は編著者による。）と規定するのみで（シンガポール条約第2条3）、調停人の資格や手続

への関与の在り方については何ら規定を設けていない。そこで、条約実施法においても、シンガポール条約との整合性を重視する観点から、調停人の資格等について、特段の規定は設けられていない^(注5)。

（注1）　仲裁合意を前提とする仲裁と異なり、調停については、調停により紛争を解決する旨の当事者間の合意に基づいて手続が開始される場合のほか、裁判所の付託や法律の規定に基づいて手続が開始される場合もある。

（注2）　「和解の仲介」とは、当事者間に和解を成立させることによって紛争解決を図る形態の手続を意味する（ADR法第2条第1号参照）。

（注3）　この定義によれば、例えば、調停人が当事者の主張等を評価して和解案を提示し、これを基に和解合意の成立を目指す「評価型調停（evaluative mediation）」も、調停人が評価を示すことなく当事者間のコミュニケーションを重視する「対話促進型調停（facilitative mediation）」も含まれることとなる。

（注4）　法制審議会仲裁法制部会が取りまとめた中間試案においては、「民事上の紛争」について、仲裁法第13条第1項を参考に、「当事者が和解をすることができるものに限る」との限定が付されていたが、条約実施法においては、そのような限定は付されていない。それは、「国際和解合意の対象である事項が、日本の法令によれば、和解の対象とすることができない紛争に関するものであること」を執行拒否事由とする規定（条約実施法第5条第12項第7号）が設けられることにより、強制執行が可能となる国際和解合意は、当事者が和解をすることができる紛争に関するものであることは明らかになることから、「調停」の定義においてそのような限定を付す必要はないと考えられたことによる。なお、シンガポール条約においても、そのような限定は付されていない（シンガポール条約第2条3参照）。

（注5）　民間調停については、調停人の選任の方法も含め、当事者の合意に基づいて手続が進められることが多いため、当事者双方が、紛争解決の手段として調停手続によることを選択し、当該調停人が関与することを合意しているのであれば、当事者の手続的意思が反映されているものと考えられる。仮に、そのような前提を欠くような場合には、裁判所による執行決定の手続において、事後的に審査がされることにより手続的正当性を確保することが可能であるから、調停人に何らかの資格等を要求する必要はないものと考えられる。

Q48 条約実施法における「国際和解合意」とは、どのようなものか。

A ### 1 国際性の要件の意義

シンガポール条約において問題とされる国際性は、和解合意の国際性であって、調停手続の国際性ではないとされている。そして、調停の性質上、調停の成立国の特定には困難が伴うことがあることや、調停の成立国と執行国での二重の手続を避けることから、シンガポール条約では、調停の成立国がどこであるかにかかわらず、また、成立国における既判力や執行力の有無にかかわらず、当事者が選択した執行国で調停による和解合意を（成立国での特段の手続を経ることなく）直ちに執行する（執行力を付与し得る）という枠組みを採用しており、仲裁における仲裁地に相当するような調停地（seat of mediation）の概念は設けられていない。そのため、調停による和解合意については、その成立国の権限のある機関のみが取り消し得るものとはされておらず、また、和解合意の内容や調停の手続が成立国における国内法上の要件を満たさないものであっても、シンガポール条約の適用対象となり得るものと考えられている。

2 条約実施法における「国際和解合意」の内容

条約実施法では、前記1のようなシンガポール条約における国際性の考え方等を踏まえ、調停において当事者間に成立した合意であって、合意が成立した当時において条約実施法第2条第3項各号に掲げる事由（国際性の要件）のいずれかに該当するものを「国際和解合意」というと定義されている。その具体的な内容は、次のとおりである。

(1) 当事者の全部又は一部が日本国外に住所等を有するとき

条約実施法第2条第3項第1号では、当事者の全部又は一部が日本国外に住所又は主たる事務所若しくは営業所を有するとき（当事者の親会社が日本国外に住所等を有するときを含む。）[注1]に、国際性の要件を満たすものとされている。

条約実施法第2条第3項第1号により、例えば、当該調停の当事者の一方が日本国外に主たる事務所を有する場合のほか、日本国内に主たる事務所を

有する日本企業同士であっても、その一方当事者の親会社が日本国外に主たる事務所を有する場合や、外国に営業所を有する日本企業が当該外国に営業所を有する外国企業との間で生じた紛争につき当該外国を義務履行地とする和解合意をした場合にも、国際性の要件を満たすこととなる。

　条約実施法第2条第3項第1号の要件は、シンガポール条約にはない我が国の条約実施法独自のものであるが[注2]、この要件を満たす事案は、執行証書や即決和解等の執行力を付与する代替手段を要求することが現実的でないこと等の執行力を付与する実務上のニーズが指摘されたことを踏まえ、外国弁護士による法律事務の取扱い等に関する法律（昭和61年法律第66号）における「国際調停事件」の定義（同法第2条第15号イ）を参考に設けられたものである。なお、条約実施法第2条第3項第1号により国際性の要件を満たした国際和解合意については、シンガポール条約の適用対象とはならないものもあるため、他の締約国においては、当然に執行力が付与されるものではないことには留意が必要である。

(2)　当事者の全部又は一部が互いに異なる国に住所等を有するとき

　条約実施法第2条第3項第2号では、当事者の全部又は一部が互いに異なる国に住所又は事務所若しくは営業所（当事者が二以上の事務所又は営業所を有する場合にあっては、合意が成立した当時において当事者が知っていたか、又は予見することのできた事情に照らして、合意によって解決された紛争と最も密接な関係がある事務所又は営業所）を有するときに、国際性の要件を満たすものとされている。

　条約実施法第2条第3項第2号により、例えば、日本国内に主たる事務所を有する当事者間において契約に関する紛争が生じた場合であっても、そのうち一方が当該契約に関する主要な業務を日本国外に有する営業所に担当させていたときは、国際性の要件を満たすこととなる。

(3)　当事者の全部又は一部が住所等を有する国が義務履行地又は最密接関係地が属する国と異なるとき

　条約実施法第2条第3項第3号では、当事者の全部又は一部が住所又は事務所若しくは営業所を有する国が、合意に基づく債務の重要な部分の履行地（義務履行地）又は合意の対象である事項と最も密接な関係がある地（最密接関係地）が属する国と異なるときに、国際性の要件を満たすものとされてい

る。

　条約実施法第2条第3項第3号により、例えば、当該調停の当事者双方が
日本国内のみに事務所を有するものの、そのうち一方が当該合意に基づいて
日本国外で目的物を他方の当事者に引き渡すこととされている場合に、国際
性の要件を満たすこととなる。

　（注1）　条約実施法第2条第3項第1号に規定する「法務省令で定める者」を定めるも
のとして、後掲の法務省令が制定されている。同省令第1項第1号により、例えば、当事
者が株式会社である場合において、ある法人及びその完全子法人が当事者の発行済株式の
過半数を有するときに、同項第2号により、例えば、当事者が持分会社である場合におい
て、ある法人及びその完全子法人が当事者の社員の過半数を占めるときに、それぞれ当該
法人が日本国外に主たる事務所を有していれば、国際性の要件を満たすこととなる。ま
た、同省令第2項は、同省令第1項各号の規定の適用については、いわゆる完全孫法人を
完全子法人とみなす趣旨の規定である。
　（注2）　締約国の国内法が、シンガポール条約との比較において執行の対象となる和解
合意の範囲を広げることは、シンガポール条約に違反するものではない。

　（参考）調停による国際的な和解合意に関する国際連合条約の実施に関する法律第二条
　　　　　第三項第一号に規定する法務省令で定める者を定める省令（令和5年法務省令
　　　　　第48号）
1　調停による国際的な和解合意に関する国際連合条約の実施に関する法律第二条第三項
　第一号に規定する法務省令で定める者は、次に掲げる者とする。
　一　ある者及びその完全子法人（ある者がその株式又は持分の全部を有する法人をい
　　う。以下同じ。）又は当該ある者の完全子法人が当事者の全部又は一部の発行済株式
　　（議決権のあるものに限る。）又は出資の総数又は総額の百分の五十を超える数又は額
　　の株式（議決権のあるものに限る。）又は持分を有する場合（当該当事者の全部又は
　　一部が次号に定める法人である場合を除く。）における当該ある者
　二　当事者の全部又は一部が法律又は定款の定めによりその業務を社員（当該法人が業
　　務を執行する社員を定めた場合にあっては、その社員。以下この号において同じ。）
　　の過半数をもって決定することとされている法人であって、ある者及びその完全子法
　　人が当該法人の社員の過半数を占める場合における当該ある者
2　前項各号の規定の適用については、これらの規定のある者及びその完全子法人又は当
　該ある者の完全子法人が他の法人の株式又は持分の全部を有する場合における当該他の
　法人は、完全子法人とみなす。

Q49　国際和解合意は、書面でする必要があるか。

A　調停による和解合意に基づく強制執行を許すに当たっては、当該和解合意の内容が明確になっている必要があることから、和解合意が何らかの方式で記録されていることが必要である。

　この点に関し、シンガポール条約においては、調停による和解合意は書面によってされなければならないとして書面性の要件が定められているものの（シンガポール条約第1条1）、その内容が何らかの方式で記録されているときは、「書面」によってされたものであると認められるほか、事後的にアクセスして参照することができる情報として含まれている場合には、電子的通信によっても書面性の要件が充足されるものとされている（シンガポール条約第2条2）。

　また、近時のIT技術の発展に伴い、民間調停においては、その柔軟性を生かして様々な手続上の工夫がされており、そのような調停の実務に対応し得る規律とする必要もある。

　そこで、条約実施法においては、和解合意が書面によって締結されることは必須とはされておらず、執行決定の申立ての段階で、裁判所に対して和解合意の内容が記載された書面等を提出すれば足りるものとされている（Q60の1）。

Q50
和解合意とは別に、民事執行の合意を強制執行の要件とした理由は、どのようなものか。

A 　条約実施法第3条では、条約実施法の適用範囲として、国際和解合意の当事者が、シンガポール条約又はシンガポール条約の実施に関する法令（注1）に基づき民事執行をすることができる旨の合意（民事執行の合意）（注2）をした場合について適用する旨が規定されている。

　その趣旨は、調停において成立した和解合意に基づく強制執行を可能とするためには、当事者の手続保障を図る観点から、当該和解合意に基づく民事執行を受け入れるか否かについて、当事者がその意思に基づき判断すべきものとする必要があると考えられたことによる（注3）（注4）。

　この点に関し、シンガポール条約においては、締約国は、「和解合意の当事者がこの条約の適用に合意した限度においてのみ、この条約を適用すること」を宣言することができるものと規定されており（シンガポール条約第8条1(b)）、我が国は、シンガポール条約の締結に際し、この規定に基づく留保宣言（いわゆるオプトイン留保の宣言）を行っている（注5）。

　なお、シンガポール条約との整合性を重視する観点から、条約実施法では、民事執行の合意の時期・態様や方式に関し、特段の規定は設けられていない（注6）。

　（注1）　「条約の実施に関する法令」とは、我が国においてシンガポール条約の国内担保法としての性格を有する条約実施法のほか、外国において同様の性格を有する法律が含まれるが、民事執行の合意において、具体的な法令名まで特定する必要はないものと考えられる。

　（注2）　法制審議会仲裁法制部会における調査審議の過程では、公証人が作成した執行証書（民事執行法第22条第5号）に倣い、和解合意において債務者が強制執行に服する旨の陳述が記載されていることまで要求することも検討された。しかしながら、シンガポール条約は、当事者による条約の適用に関する合意の時期及びその態様について何ら制限を設けていないにもかかわらず、我が国の国内法において、当事者の意思表示の方法を、強制執行に服する旨の陳述を和解合意に記載する方法に限定してしまうことには慎重であるべきこと、また、執行証書については、裁判所による執行決定の手続を経ることなく当然に債務名義となる点で、条約実施法における執行力を付与するための枠組みとは違

いがあることから、前記のような記載があることまでは要件とされなかった。

（注3）　裁判上の和解や民事調停における合意については、それらに基づく民事執行に向けられた当事者の特段の意思表示は必要とされていないこととの対比において、条約実施法上の民事執行の合意については、紛争解決方法として調停による和解合意に基づく民事執行という手段を利用するかどうかの選択を当事者に認めるという意義があると考えられる。

（注4）　シンガポール条約の締約国がそれほど多くない現状においては、我が国の企業がシンガポール条約の締約国でない国の企業との間で国際和解合意をする場面も十分に想定されるところ、そのような場合において、我が国の企業のみが一方的に民事執行を受けることを回避するため、民事執行の合意をしないことも可能となる。

（注5）　留保宣言の内容は次のとおりである。

「In accordance with paragraph 1(b) of Article 8 of the Convention, the Government of Japan declares that the Convention shall apply only to the extent that the parties to the settlement agreement have agreed to the application of the Convention.」

（注6）　シンガポール条約及び条約実施法の下では、民事執行の合意の時期につき、和解合意の成立と同時に行うことはもちろん、事前又は事後に行うことも許容される。また、民事執行の合意については、調停人の関与も必須ではない。

Q51　民事執行の合意は、書面でする必要があるか。

A　条約実施法においては、民事執行の合意は、書面によってしなければならないこととはされていない。また、国際和解合意とは異なり、執行決定の申立ての段階で、裁判所に対して民事執行の合意が記載された書面等を提出しなければならないこととともされていない。これは、シンガポール条約においては、民事執行の合意の態様や方式について定める規定は設けられていないため、シンガポール条約との整合性を重視したことによる。

　しかしながら、前記（Q50）のとおり、条約実施法においては、国際和解合意の当事者が民事執行の合意をした場合に限って条約実施法が適用され（条約実施法第3条）、我が国の裁判所に対し、執行決定を求める申立てをすることができることとされていることから（条約実施法第5条第1項）、民事執行の合意の存在が争われたときは、執行決定を求める申立人において、その存在を立証する必要がある。そのため、後の立証を容易にする観点から、民事執行の合意についても、書面又は電磁的記録によって行い、何らかの証拠を残しておくことが望ましい。

Q52　国際和解合意に基づく民事執行を可能とすることとした理由及び理論的根拠は、どのようなものか。

A　**1　民事執行を可能とすることとした理由**

　我が国の現行法上、訴訟や仲裁に代わり、執行力を付与する手段として、裁判所における即決和解（民事訴訟法第275条）や民事調停（民事調停法第16条）、公証人が作成した執行証書（民事執行法第22条第5号）を利用する方法があるものの、国際的な紛争において和解合意がされるような事案については、使用言語等の観点から、これらの代替手段を利用することは容易でなく、また、このような事案については、和解合意の内容が任意に履行されなかった場合に改めて提訴することの負担も大きいといえる。

　また、近時、シンガポール条約が発効するなど世界的に国際調停の有用性への関心が高まっているところ、我が国において国際調停を活性化させる観点のみならず、海外に進出する日本企業が国際調停を積極的に活用し得る環境を整える観点から、シンガポール条約と整合的な国内法を整備する必要性もある。

　さらに、国際商事の分野において調停が実施される場面では、多くの場合、一定額以上の商取引に関する紛争について、当事者双方に法曹有資格者等の専門家が手続代理人として選任され、そのような当事者が慎重かつ十分な検討を重ねた上で和解合意に至る蓋然性が高く、執行力が付与されることにより懸念される弊害も類型的に小さいものと考えられる。

2　民事執行を可能とすることとした理論的根拠

　当事者が、既に紛争が生じている状況において、その紛争を解決しようとの意思をもって、解決を強制する権限を有しない独立かつ公平な第三者である調停人の関与の下で調停を行い、その手続の結果として当事者間に和解合意が成立した場合（この点において、相対の和解とは区別し得る。）には、当該和解合意は、当事者の真意に基づくものであって、その当事者間における権利義務関係が蓋然性をもって存在しているものと認めることができる上、その当事者は、当該和解合意の内容に拘束されることを受忍しているものといえ、当事者の合意の尊重という観点から、当該和解合意に執行力を付与する

ことの正当性を認めることができる（この観点から、当事者間の潜在的な力の不均衡等が想定される紛争等の一定の紛争類型に係る和解合意が適用対象から除外されている。）。そして、和解合意そのものとは別に、当該和解合意に基づいて民事執行をすることができるとの合意（民事執行の合意）を要件として付加し、当該和解合意に基づく強制執行を受け入れることについても当事者（債務者）の明示的かつ積極的な意思にかからしめることで、より正当性を確保することができる。

　加えて、類型的に和解の真正性に疑義が生じる事由や、和解の内容及びその成立に至る手続に照らして我が国における民事執行を許すことが相当でないと認められる事由(注)を執行拒否事由として規定し、個別の事案において、裁判所が当該事由の存否について判断すべきものとすることで、債務名義の作成過程において裁判所が関与することになることから、既存の債務名義との整合性との観点からも、和解合意を新たな債務名義として認めるだけの正当性が認められるものと考えられる。

　これらの枠組みを設けることにより、総じて、調停による和解合意に執行力を付与し得ることにつき、実体的正当性及び手続的正当性を確保することができるものと考えられる。

　(注)　民事執行の合意がされることにより、給付訴訟を経ることなく民事執行をすることが可能となるが、和解合意に係る請求権の存在や内容の確定に関する事由については、請求異議事由に当たり得るものとして、請求異議の訴え（民事執行法第35条）により争うことが可能である（Q72）。

Q53　条約実施法の規定の適用が除外される国際和解合意は、どのようなものか。

A　条約実施法第4条では、シンガポール条約の規定を踏まえ、国際和解合意のうち、条約実施法の規定を適用しないものが定められている。条約実施法第4条第1号から第3号までの規定は一定の紛争に係る国際和解合意について、同条第4号及び第5号の規定は他の法律の規定に基づき強制執行をすることができる国際和解合意について、それぞれ条約実施法の適用対象から除外することとされており、その具体的内容は、次のとおりである。

① 民事上の契約又は取引のうち、その当事者の全部又は一部が個人（事業として又は事業のために契約又は取引の当事者となる場合におけるものを除く。）であるものに関する紛争に係る国際和解合意（条約実施法第4条第1号。Q54）

② 個別労働関係紛争（労働条件その他労働関係に関する事項についての個々の労働者と事業主との間の紛争のこと。個別労働関係紛争の解決の促進に関する法律（平成13年法律第102号）第1条）に係る国際和解合意（条約実施法第4条第2号。Q55）

③ 人事に関する紛争その他家庭に関する紛争に係る国際和解合意（同条第3号。Q56）

④ 外国の裁判所の認可を受け、又は日本若しくは外国の裁判所の手続において成立した国際和解合意であって、その裁判所が属する国でこれに基づく強制執行をすることができるもの（同条第4号。Q57）

⑤ 仲裁判断としての効力を有する国際和解合意であって、これに基づく強制執行をすることができるもの（同条第5号。Q58）

Q54 個人を当事者とする紛争に係る国際和解合意について条約実施法の規定を適用除外とした理由は、どのようなものか。

A 条約実施法第４条第１号では、民事上の契約又は取引のうち、その当事者の全部又は一部が個人（事業として又は事業のために契約又は取引の当事者となる場合におけるものを除く。）であるものに関する紛争に係る国際和解合意について、条約実施法の規定の適用を除外することが定められている。

　これは、シンガポール条約が国際的な商事紛争に係る和解合意を対象に作成されたものであることに鑑み(注)、条約実施法においても、事業者間（BtoB）の紛争に係る国際和解合意のみを適用対象とすれば足りると考えられたためである。

　（注）　シンガポール条約第１条２(a)によれば、「当事者の一方（消費者）が個人、家族又は家庭に関する目的のために行った取引から生じた紛争を解決するために締結された」和解合意が適用除外とされているものの、他方の当事者が事業者であるか消費者であるかについては何ら定められてはいない。しかしながら、他方の当事者の属性について何ら限定が付されていないのであれば、当事者の一方が消費者であるときは、他方の当事者が事業者であるか消費者であるかにかかわらず、前記規定の適用があると考えるのが自然である。また、2005年（平成17年）にハーグ国際私法会議において作成された「管轄合意に関する条約」（仮訳）第２条(1)a）では、シンガポール条約の前記規定と同様の文言が用いられており、その解釈として、消費者と非消費者との間の合意とともに、消費者間の合意にも妥当するものと説明されていることを踏まえると、シンガポール条約の規定の解釈においても、同様に解することが相当であると考えられる。

Q55 個別労働関係紛争に係る国際和解合意について条約実施法の規定を適用除外とした理由は、どのようなものか。

A 　条約実施法第4条第2号では、シンガポール条約第1条2(b)の規定を踏まえ、個別労働関係紛争（労働条件その他労働関係に関する事項についての個々の労働者と事業主との間の紛争のこと。個別労働関係紛争の解決の促進に関する法律第1条）に係る国際和解合意について、条約実施法の規定の適用を除外することが定められている。

　これは、一般的に、労働者と事業主との間には、交渉力や情報等の不均衡が想定され、当事者の真意に基づかない和解合意が成立するおそれが類型的に高くなると考えられることから、当事者間の合意を根拠に執行力を付与することは相当でないと考えられたためである。

　この規定により、例えば、解雇、雇止め、労働条件の不利益変更等に関する紛争に係る国際和解合意については、条約実施法の規定の適用が除外されることになる。

Q56　人事・家庭に関する紛争に係る国際和解合意について条約実施法の規定を適用除外とした理由は、どのようなものか。

A　条約実施法第4条第3号では、シンガポール条約第1条2(a)及び(b)の規定を踏まえ、人事に関する紛争その他家庭に関する紛争に係る国際和解合意について、条約実施法の規定の適用を除外することが定められている(注)。

　これは、人事・家庭に関する紛争は、身分関係を形成又は変更し、その結果が当事者以外の第三者に対しても効力を有するものであるという点において、公益性、後見性を有する紛争類型であること、特に、強制執行の場面において各国固有の法的な文化や公序と衝突しやすいことから、人事・家庭に関する紛争に係る国際和解合意については、当事者間の合意を根拠に執行力を付与することは相当でないと考えられたためである。

　（注）「人事に関する紛争」とは、人事訴訟法（平成15年法律第109号）第2条所定の人事訴訟における訴訟の目的に関する紛争をいい、「その他家庭に関する紛争」とは、家事事件手続法（平成23年法律第52号）の別表第一及び第二に掲げる事項に関する紛争等をいう。条約実施法第4条第3号により、離婚及び離縁に関する紛争（人事訴訟法第37条第1項及び第46条参照）や家事事件手続法の別表第二に掲げる事項に関する紛争といった日本の法令によれば和解の対象となり得るものについても、条約実施法の規定が適用されないこととなる。なお、人事訴訟における訴訟の目的については、原則として訴訟上の和解をすることができないものとされていること（人事訴訟法第19条第2項）や、家事事件手続法の別表第一に掲げる事項についての事件に関しては、調停を行うことができないものとされていること（同法第244条）から、これらの紛争に係る国際和解合意に基づく執行決定を求める申立ては、条約実施法第5条第12項第7号の定める執行拒否事由があるものとして、却下されることとなる。

Q57 外国裁判所が認可等した国際和解合意について条約実施法の規定を適用除外とした理由は、どのようなものか。

A 条約実施法第 4 条第 4 号では、シンガポール条約第 1 条 3(a)の規定を踏まえ、外国の裁判所の認可を受け、又は日本若しくは外国の裁判所の手続において成立した国際和解合意であって、その裁判所が属する国でこれに基づく強制執行をすることができるものについて、条約実施法の規定の適用を除外することが定められている (注1)。

　これは、例えば、我が国の民事調停手続において成立した当事者間の合意のように、既存の法制上これに基づく強制執行をすることができるものについては、新たな枠組みの対象とする必要がないと考えられたこと、外国の裁判所の手続で成立した和解や外国の裁判所が認可した和解に関しては、ハーグ国際私法会議において作成された諸条約 (注2) との抵触を避ける必要があると考えられたためである。

　なお、調停において成立した国際和解合意につき、外国の裁判所においてシンガポール条約又はシンガポール条約の実施法に基づいて執行力が付与されたとしても、条約実施法第 4 条第 4 号を理由に、日本の裁判所において別途執行決定を求める申立てをすることが妨げられるものではない。

　(注1)　「外国の裁判所の認可を受け」として、認可をする主体が外国の裁判所に限定されたのは、外国においては、当該国の法制度により裁判所の認可の制度が採用されていることがあり得るものの、日本の裁判所の認可を受けた国際和解合意は、現行法上想定されないことによる。

　(注2)　2005 年（平成 17 年）に作成された「管轄合意に関する条約」（仮訳）や、2019 年（令和元年）に作成された「民事又は商事に関する外国判決の承認及び執行に関する条約」（仮訳）が想定されている。なお、我が国は、これらの条約を締結していない。

Q58 仲裁判断としての効力を有する国際和解合意について条約実施法の規定を適用除外とした理由は、どのようなものか。

A 　条約実施法第4条第5号は、シンガポール条約第1条3(b)の規定を踏まえ、仲裁判断としての効力を有する国際和解合意であって、これに基づく強制執行をすることができるものについて、条約実施法の規定の適用を除外することが定められている。

　これは、我が国の仲裁法では、仲裁手続の進行中において、当事者間に和解が成立し、かつ、当事者双方の申立てがあるときは、仲裁廷は、当該和解における合意を内容とする決定をすることができ（仲裁法第38条第1項）、当該決定は仲裁判断としての効力を有するものと取り扱われ（同条第2項）、確定した執行決定がある場合にこれに基づく強制執行をすることができることから（民事執行法第22条第6号の2）、新たな枠組みの対象とする必要がないと考えられたためである。

Q59 執行決定とは、どのようなものか。また、執行決定を求める申立ての手続は、どのようなものか。

A　**1　執行決定の意義等**

　条約実施法では、国際和解合意に基づく民事執行を可能とするには、我が国の裁判所による執行決定が必要であることとされた（条約実施法第5条第1項）。ここにいう執行決定とは、国際和解合意に基づく民事執行を許す旨の決定をいい、この執行決定により、国際和解合意に執行力が付与されることとなる(注1)。

　このように、条約実施法が裁判所の審査を経なければならないこととしているのは、①紛争の実情に即した迅速かつ実効的な解決を図るため、民間調停において成立した和解自体に基づく強制執行を認めることとしつつ、②和解内容の強制的な実現が国家権力の作用に基づくものであることに照らし、和解の実体面及び手続面における適正をあらかじめ裁判所が関与する形で確認することが必要であると考えられたためである。

2　執行決定を求める申立ての手続の概要

　国際和解合意に基づいて、我が国に所在する財産に対して民事執行をしようとする当事者は、債務者を被申立人として、我が国の裁判所に対し、執行決定を求める申立てをしなければならない（条約実施法第5条第1項）。申立てを受けた裁判所は、条約実施法所定の執行拒否事由（Q62以下）の有無を審査し、その事由がない限り、執行決定をしなければならない（同条第11項及び第12項）。

　このように、執行決定の手続においては、執行拒否事由の有無が審理判断され、当事者間の実体的な権利関係そのものが審理判断されるものではなく、決定で完結する事件であることから、任意的口頭弁論とされているが（条約実施法第6条）、国際和解合意に基づく民事執行を許すか否かについては、当事者の権利関係に重大な影響を与えることから、当事者（特に債務者）の防御の議会を保障するため、執行決定を求める申立てについての決定は、口頭弁論又は当事者双方が立ち会うことができる審尋の期日を経なければすることができないこととされている（条約実施法第5条第13項）。

　執行決定を求める申立てと並行して、他の裁判所又は仲裁廷に対して当該国際和解合意に関する他の申立て(注2)がされた場合には、執行決定の申立てを受けた裁判所は、当該他の申立てに係る判断との矛盾抵触を避けるため、執行決定の手続を中止することが可能であり、その際、執行決定の申立人の申立てにより、被申立人に対し、担保を立てるべきことを命ずることができることとされている（条約実施法第5条第5項）。

　執行決定を求める申立てについての決定に対しては、その告知を受けた日から2週間の不変期間内に、即時抗告をすることができる（条約実施法第5条第14項）。この期間については、民事訴訟法上の即時抗告期間である1週間（同法第332条）よりも長い2週間とされている。これは、国際和解合意の執行決定を求める申立てについての決定が、国際和解合意に基づく民事執行の可否を決するという重大な効果を有するものであり、不服申立ての機会を十分に保障する必要があるためである。

　なお、国際和解合意に基づく民事執行をするためには、執行決定が確定する必要がある。この場合の債務名義は、確定した執行決定のある国際和解合意（条約実施法による改正後の民事執行法第22条第6号の4）であり、国際和解合意と執行決定とが合体して複合的債務名義となると考えられる。

　（注1）　調停による和解合意そのものは執行力を有するものではなく、執行決定の申立てを形式的裁判の申立てであると捉え、執行決定の形成力により原始的に執行力が付与されるものと考えられる。
　（注2）　「当該国際和解合意に関する他の申立て」としては、例えば、国際和解合意の内容に関する申立て（国際和解合意の不履行を理由とする損害賠償を求める訴えの提起又は仲裁手続の申立て）や、国際和解合意の有効性に関する申立て（国際和解合意が無効であることの確認を求める訴えの提起又は仲裁手続の申立て）が考えられる。

Q60 執行決定を求める申立てをする際に裁判所に提出しなければならない書面については、どのような規定が設けられているか。

A

1　国際和解合意に関する書面

　条約実施法第5条第2項では、シンガポール条約第4条1及び2の規定を踏まえ、執行決定を求める申立てをする者（申立人）は、裁判所に対し、次に掲げる書面を提出しなければならないこととされている。

① 当事者が作成した国際和解合意の内容が記載された書面（条約実施法第5条第2項第1号）^(注1)

② 調停人その他調停に関する記録の作成、保存その他の管理に関する事務を行う者^(注2)が作成した国際和解合意が調停において成立したものであることを証明する書面（同項第2号）

　前記①又は②の書面については、複数の書面が作成されることが想定されているが、例えば、当事者が書面により国際和解合意をした場合において、調停人等が、当該書面上に当該国際和解合意が調停において成立したものであることを証明する旨の記載をしたときのように、物理的に1つの書面が作成されることも想定される。

　なお、前記①又は②の書面については、これに記載すべき事項を記録した電磁的記録に係る記録媒体の提出をもって、当該書面の提出に代えることが可能であり^(注3)、当該記録媒体を提出した申立人は、当該書面を提出したものとみなされる（条約実施法第5条第3項）。

2　日本語による翻訳文

　条約実施法第5条第4項では、シンガポール条約第4条3の規定を踏まえ、申立人は、前記1①及び②の書面又は記録媒体を提出する場合において、これらの書面又は当該記録媒体に係る電磁的記録が外国語で作成されているときは、日本語による翻訳文を併せて提出しなければならないこととされている（条約実施法第5条第4項本文）。ただし、翻訳文を作成する当事者の負担等を考慮し、裁判所が相当と認めるときは、被申立人の意見を聴いて、その全部又は一部の提出を要しないものとすることができることとされ

ている（同項ただし書）^{（注4）}。

（注1）　本文1①の書面の提出が要件とされている趣旨は、執行決定の手続を経ることによって国際和解合意が債務名義となることから、裁判所において、その内容を確認する必要があるとともに、当該国際和解合意をした当事者と執行決定の手続における当事者との同一性及びその意思を確認することにある。そのため、「当事者が作成した……書面」とは、当事者の意思により作成された書面であれば足り、物理的に当事者自らが作成した書面であることまで要するものではない。例えば、調停人又は調停機関が和解条項を記載した書面に当事者双方が署名したもののみならず、当事者双方の記名があるものであっても差し支えない。また、個別の事案にもよるが、調停人を交えた電子メール等のやりとりによって当事者間で国際和解合意がされた場合や、オンライン上の紛争解決サービスにログインする際に本人確認がされ、同サービスを利用して行われた調停において、調停人から示された和解案に対して「同意する」をクリックしたことが電磁的な方式で記録されている場合等においては、これらの電磁的記録をプリントアウトした書面又はこれらが記録された電磁的記録が本文1①の書面又はこれに代わる電磁的記録に該当することも想定される。

（注2）　「調停に関する記録の作成、保存その他の管理に関する事務を行う者」とは、主に、調停機関を念頭に置いたものである。

（注3）　この規定により、和解合意の内容がPDFファイルとして記録されており、同ファイルが保存されたUSBメモリ等の記録媒体を提出することや、和解合意の内容が音声で録音されており、その音声データが保存された記録媒体などを提出することも許容されることとなる。

（注4）　最高裁判所規則（国際和解合意関係事件手続規則（令和6年最高裁判所規則第3号））の制定により、条約実施法の規定による執行決定の手続において、外国語で作成された文書について書証の申出がされた場合にも、裁判所が相当と認めるときは、翻訳文の添付の省略が可能とされている。

Q61 執行決定を求める申立てに係る事件の管轄及び移送については、どのような規定が設けられているか。

A

1　執行決定を求める申立てに係る事件の管轄

　条約実施法第5条第6項では、国際和解合意の執行決定を求める申立てに係る事件については、①当事者が合意により定めた地方裁判所（同項第1号）、②被申立人の普通裁判籍の所在地を管轄する地方裁判所（同項第2号）及び③請求の目的又は差し押さえることができる被申立人の財産の所在地を管轄する地方裁判所（同項第3号）に管轄が認められているほか、④被申立人の普通裁判籍の所在地又は請求の目的若しくは差し押さえることができる被申立人の財産の所在地が日本国内にある場合に限り、東京地方裁判所及び大阪地方裁判所（同項第4号）に管轄が認められている。

　これらの裁判所のうち二以上の裁判所が管轄権を有することとなる場合において、当事者が二以上の裁判所に執行決定を求める申立てをしたときは、先に申立てを受けた裁判所にのみ管轄が認められ（条約実施法第5条第7項）、後に申立てを受けた裁判所は、管轄違いによる移送をしなければならない（同条第8項）。

2　執行決定を求める申立てに係る事件の移送

　移送に関しては、管轄違いによる移送のほか、条約実施法第5条第9項において、裁量移送の規定が設けられている。この規定によれば、執行決定を求める申立てを受けた裁判所は、管轄権を有するときであっても、相当と認めるときは、申立てにより又は職権で、当該事件の全部又は一部を他の管轄裁判所に事件を移送することができる。

　そして、条約実施法第5条第10項では、執行決定を求める申立てに係る事件についての移送の裁判に対しては、その告知を受けた日から2週間の不変期間内に、即時抗告をすることができることとされている。

Q62 執行決定を求める申立てを却下することができる事由（いわゆる執行拒否事由）については、どのような規定が設けられているか。

A　条約実施法第5条第12項では、裁判所は、執行拒否事由のいずれかがあると認めるときに限り、執行決定を求める申立てを却下することができることとされ^(注1)、次のとおり、執行拒否事由が定められている。これらの事由は、例示列挙ではなく、限定列挙である。

なお、条約実施法第5条第12項第1号から第6号までに掲げる事由（後記①から⑥まで）については、被申立人が当該事由の存在を証明する必要があるが、同項第7号及び第8号に掲げる事由（後記⑦及び⑧）については、必ずしもその証明を要しないこととされている^(注2)。

①　国際和解合意が、当事者の行為能力の制限により、その効力を有しないこと（条約実施法第5条第12項第1号。Q63）

②　国際和解合意が、当事者が合意により国際和解合意に適用すべきものとして有効に指定した法令によれば、当事者の行為能力の制限以外の事由により、その効力を有しないこと（同項第2号。Q64）

③　国際和解合意に基づく債務の内容を特定することができないこと（同項第3号。Q65）

④　国際和解合意に基づく債務の全部が履行その他の事由により消滅したこと（同項第4号。Q66）

⑤　調停人が、法令その他当事者間の合意により当該調停人又は当該調停人が実施する調停に適用される準則に違反した場合であって、その違反する事実が重大であり、かつ、当該国際和解合意の成立に影響を及ぼすものであること（同項第5号。Q67）

⑥　調停人が、当事者に対し、自己の公正性又は独立性に疑いを生じさせるおそれのある事実を開示しなかった場合で、その事実が重大であり、かつ、国際和解合意の成立に影響を及ぼすものであること（同項第6号。Q68）

⑦　国際和解合意の対象である事項が、日本の法令によれば、和解の対象とすることができない紛争に関するものであること（同項第7号。

Q69)

⑧　国際和解合意に基づく民事執行が、我が国における公の秩序又は善
　良の風俗に反すること（同項第8号。Q70)

（注1）　シンガポール条約第5条1が、所定の拒否事由が認められる場合に救済の付与
（執行）を拒否することができる（may refuse）と定めていることを踏まえ、条約実施法
では、執行拒否事由が認められる場合であっても、当該執行拒否事由の性質等に照らし、
裁判所の裁量により執行決定を求める申立てを却下しないこととする余地が認められてい
る。なお、仲裁法における仲裁判断の執行決定を求める申立てや、ADR法における特定
和解の執行決定を求める申立てにおいても、同様の規定とされている（新仲裁法第46条
第7項、新ADR法第27条の2第11項）。

（注2）　仲裁法における仲裁判断の執行拒否事由や、ADR法における特定和解の執行
拒否事由についても、同様の規定とされている（新仲裁法第46条第7項、新ADR法第
27条の2第11項）。

Q63　条約実施法第5条第12項第1号の趣旨及び具体的な適用場面は、どのようなものか。

A　**1　当事者の行為能力の制限**

　条約実施法第5条第12項第1号では、「国際和解合意が、当事者の行為能力の制限により、その効力を有しないこと」が執行拒否事由とされている。これは、国際和解合意が成立した時点において、当事者の行為能力が制限されている場合には、その者が行った国際和解合意は効力を有しないこととなり、そのような国際和解合意に基づく民事執行を許すべきではないと考えられることから、シンガポール条約第5条1(a)の規定に対応するものとして、執行拒否事由とされたものである。

　具体的な適用場面としては、例えば、法人がした国際和解合意について、その代表者に適法な代表権がないことを理由として無効とされた場合等がこれに該当する。

　なお、当事者の行為能力の制限とそれ以外の事由とが別号で規定されたのは、適用される準拠法が異なることが想定されるためである（Q64参照）。

2　準拠法

　執行拒否事由の有無に関する準拠法をどのように決定するかについては様々な考え方があり得るが、通常は、執行決定の申立てを受けた国の裁判所において、その国の準拠法選択規則が適用され、その中で、国際和解合意の当事者が選択した法令も適宜参照されることとなるものと考えられる。

　この考え方によれば、当事者の行為能力の制限の有無については、まずは、法の適用に関する通則法（平成18年法律第78号。以下「通則法」という。）第4条の規律に従って準拠法が決定されることとなり、基本的に、当事者の本国法によって判断されることとなる。

Q64　条約実施法第5条第12項第2号の趣旨及び具体的な適用場面は、どのようなものか。

A　**1　国際和解合意の無効**

　　条約実施法第5条第12項第2号では、「国際和解合意が、当事者が合意により国際和解合意に適用すべきものとして有効に指定した法令（当該指定がないときは、裁判所が国際和解合意について適用すべきものと判断する法令）によれば、当事者の行為能力の制限以外の事由により、その効力を有しないこと」が執行拒否事由とされている。これは、国際和解合意が成立した時点において、当該国際和解合意に瑕疵がある場合には、当該国際和解合意は効力を有しないこととなり、これに基づく民事執行を許すべきではないと考えられることから、シンガポール条約第5条1(b)の規定に対応するものとして、執行拒否事由とされたものである。

　具体的な適用場面としては、例えば、国際和解合意の意思表示が錯誤や詐欺を理由として取り消された場合等がこれに該当する。

　なお、当事者の行為能力の制限とそれ以外の事由とが別号で規定されたのは、適用される準拠法が異なることが想定されるためである（Q63参照）。

2　準拠法

　国際和解合意が、当事者の行為能力の制限以外の事由により、その効力を有しないこととなるか否かについては、当事者が合意により当該国際和解合意に適用すべきものとして有効に指定した法令があるときは、その法令により判断されることとなり、そのような指定がないときは、通則法第7条以下の規律に従って準拠法が決定されることとなる。

Q65　条約実施法第 5 条第 12 項第 3 号の趣旨及び具体的な適用場面は、どのようなものか。

A　**1　国際和解合意に基づく債務の内容の不特定**

　条約実施法第 5 条第 12 項第 3 号では、「国際和解合意に基づく債務の内容を特定することができないこと」が執行拒否事由とされている。これは、国際和解合意に基づく債務が特定されない場合には、執行が許される範囲が曖昧になり、債務者が不当な民事執行を受ける危険にさらされるおそれがある上、執行決定をする裁判所においても、執行の対象となる範囲を特定することができず、執行不能の状況に陥るおそれがあることから、シンガポール条約第 5 条 1(c)(ii)の規定に対応するものとして、執行拒否事由とされたものである。

　具体的な適用場面としては、例えば、国際和解合意において、当事者の一方が他方に対して損害を賠償する旨の条項があるものの、他の条項の定め等に照らしても具体的な賠償額を特定することができない場合等がこれに該当する。

2　準拠法

　国際和解合意に基づく債務の内容を特定することができるか否かについては、当該債務の準拠法に照らして判断されることとなるが、その準拠法は、通則法第 7 条以下の規律に従って決定されることとなる。

Q66 条約実施法第5条第12項第4号の趣旨及び具体的な適用場面は、どのようなものか。

A

1　国際和解合意に基づく債務の全部の消滅

条約実施法第5条第12項第4号では、「国際和解合意に基づく債務の全部が履行その他の事由により消滅したこと」が執行拒否事由とされている[注1]。これは、国際和解合意に基づく債務が履行等により既に消滅している場合には、当事者間の実体的な権利義務関係に変動が生じており、もはや当該国際和解合意に基づく民事執行を許すべきではないと考えられることから、シンガポール条約第5条1(c)(i)の規定に対応するものとして、執行拒否事由とされたものである。

具体的な適用場面としては、例えば、国際和解合意に基づく債務の全部について弁済、相殺又は免除がされた場合等がこれに該当する。また、条約実施法第5条第12項第4号の文言から明らかなとおり、債務の一部のみが履行されたにすぎない場合には、同号には該当しない[注2]。

2　準拠法

国際和解合意に基づく債務の全部が履行その他の事由により消滅したか否かについては、当該債務の準拠法に照らして判断されることとなるが、その準拠法は、通則法第7条以下の規律に従って決定されることとなる。

（注1）　シンガポール条約第5条1(c)の規定との比較において、履行以外の債務の消滅事由も含まれるという点で、条約実施法第5条第12項第4号の規定の方が、文言上、拒否される範囲が広くなっているとも考え得る。しかしながら、履行以外の債務の消滅事由については、シンガポール条約の起草時の議論において第5条1(b)(i)又は(iii)の拒否事由に含まれるとされていたことに照らすと、実質において、シンガポール条約の規定よりも拒否される範囲が広がっているものではないと考えられる。むしろ、条約実施法第5条第12項第4号の規定によれば、免除や相殺等の場合も、履行の場合と同様に債務の全部が消滅した場合に限って執行拒否事由となることから、シンガポール条約の規定よりも拒否される範囲が狭くなっているとの評価もあり得る。

（注2）　国際和解合意に基づく債務の一部が履行等により消滅しているにもかかわらず、債権者が、当該国際和解合意に定められた債権の額の全額について執行決定を求める

申立てをしたとしても、その申立ては却下されないこととなるが（裁判所は、執行拒否事由がない限り執行決定をしなければならないことから、申立ての一部を認容し、一部を却下するということは想定されていない。）、このような場合には、債務者は、請求異議の訴え（民事執行法第35条）において争う余地があるものと考えられる。

Q67 条約実施法第5条第12項第5号の趣旨及び具体的な適用場面は、どのようなものか。

A

1　調停人による法令・準則違反

　条約実施法第5条第12項第5号では、「調停人が、法令その他当事者間の合意により当該調停人又は当該調停人が実施する調停に適用される準則（公の秩序に関しないものに限る。）に違反した場合であって、その違反する事実が重大であり、かつ、当該国際和解合意の成立に影響を及ぼすものであること」が執行拒否事由とされている。このような事由が存在する場合は、当該国際和解合意に基づく民事執行を許すに足る手続的正当性を欠くと考えられることから、シンガポール条約第5条1(e)に対応するものとして、執行拒否事由とされたものである。

　条約実施法第5条第12項第5号の「準則」には、倫理規程・行動規範・実務基準のほか、当事者の合意、判例法など多様な規範が含まれ得るとされている(注)。

　具体的な適用場面としては、例えば、調停人において、適用される法令や準則で定められた平等取扱義務や秘密保持義務に対する重大な違反があり、かつ、当該違反がなければ和解合意をしなかったという因果関係が認められる場合等がこれに該当する。

2　準拠法

　調停人による法令・準則違反の有無については、執行決定を求める申立てを受けた裁判所において、具体的にどのような法令・準則が当該調停人又は当該調停人が実施する調停に適用されるかが判断された上で、その法令・準則違反の事実の存否が判断されることとなる。

　（注）　国際和解合意が成立した調停において適用されることを前提として、例えば、UNCITRALが策定した国際商事調停モデル法のほか、日本商事仲裁協会（JCAA）や京都国際調停センター（JIMC-Kyoto）等の調停機関が定める調停規則を挙げることができる。

Q68　条約実施法第5条第12項第6号の趣旨及び具体的な適用場面は、どのようなものか。

A

1　調停人による開示義務違反

条約実施法第5条第12項第6号では、「調停人が、当事者に対し、自己の公正性又は独立性に疑いを生じさせるおそれのある事実を開示しなかった場合であって、当該事実が重大であり、かつ、当該国際和解合意の成立に影響を及ぼすものであること」が執行拒否事由とされている。このような事由が存在する場合は、当該国際和解合意に基づく民事執行を許すに足る手続的正当性を欠くと考えられることから、シンガポール条約第5条1(f)に対応するものとして、執行拒否事由とされたものである。

具体的な適用場面としては、例えば、調停人が、一方当事者との間に個人的又は業務上の関係を有していたり、調停の結果に経済的その他の利害関係を有しているにもかかわらず、調停人がこれらの事実を開示しなかった場合であって、当該事実が重大であり、かつ、当該事実が開示されていれば和解合意をしなかったという因果関係が認められる場合等がこれに該当する。

2　準拠法

調停人による開示義務違反の有無については、執行決定を求める申立てを受けた裁判所において、具体的にどのような法令・準則が当該調停人に適用されるかが判断された上で、その法令・準則により開示義務違反の事実の存否が判断されることとなる。

Q69 条約実施法第5条第12項第7号の趣旨及び具体的な適用場面は、どのようなものか。

A

1　和解可能性の欠缺

　　条約実施法第5条第12項第7号では、「国際和解合意の対象である事項が、日本の法令によれば、和解の対象とすることができない紛争に関するものであること」が執行拒否事由とされている。これは、調停が当事者の合意に基礎を置くものであるとはいえ、日本の法令上、当事者に処分権限がないこと等を理由に和解合意の対象とすることができない紛争に関するものである場合には、当該国際和解合意は日本の法秩序においては効力を有しないものというべきであり、およそこれに基づく民事執行を許すことを正当化することができないと考えられることから、シンガポール条約第5条2(b)に対応するものとして、執行拒否事由とされたものである。

　　具体的な適用場面としては、例えば、公法上の境界を定める内容の和解、株主総会における決議を取り消すことを定める和解、特許権が対世的に効力を有しないことを定める和解等がこれに該当する。

2　準拠法

　　国際和解合意の対象である事項が和解の対象とすることができるか否かについては、日本の法令によって判断されることとなる。

Q70　条約実施法第 5 条第 12 項第 8 号の趣旨及び具体的な適用場面は、どのようなものか。

A

1　公序良俗違反

　条約実施法第 5 条第 12 項第 8 号では、「国際和解合意に基づく民事執行が、日本における公の秩序又は善良の風俗に反すること」^(注)が執行拒否事由とされている。これは、国際和解合意に基づく民事執行が日本における公序良俗に反する場合には、当該国際和解合意に執行力を付与するという方法で国家がその実現を確保することは矛盾すると考えられることから、シンガポール条約第 5 条 2(a)に対応するものとして、執行拒否事由とされたものである。

　具体的な適用場面としては、例えば、国際和解合意が賭博の賭金の支払を内容とするものである場合や禁制品の引渡しを内容とする場合のほか、調停人が当事者から賄賂を収受した上で国際和解合意を成立させた場合等がこれに該当する。

2　準拠法

　国際和解合意の対象である事項が公序良俗に反するか否かについては、日本の法令によって判断されることとなる。

　（注）　国際和解合意の内容に関する実体的公序違反のみならず、国際和解合意の成立過程に関する手続的公序違反も含むものと考えられる。

Q71　シンガポール条約の定める拒否事由と条約実施法の定める執行拒否事由とは、どのように対応しているのか。

A

1　総論

　条約実施法第5条第12項各号に掲げる執行拒否事由は、実質においてシンガポール条約第5条の定める拒否事由に対応した内容を維持しつつ、条約実施法の他の規律や我が国の法制等を踏まえて整理されたものである。そのため、シンガポール条約における拒否事由と条約実施法における執行拒否事由とを比較すると、条約実施法では、シンガポール条約が規定する拒否事由の一部につき、これに対応する規定が設けられていないなど、一見すると、両者の対応関係が分かりにくくなっている。

2　具体的な対応関係

　具体的な対応関係は、以下の表のとおりである。

シンガポール条約	条約実施法
第5条1(a)	第5条第12項第1号
(b)(i)	同項第2号
(ii)	(同項第3号)
(iii)	(同項第4号)
(c)(i)	同項第4号
(ii)	同項第3号
(d)	—
(e)	同項第5号
(f)	同項第6号
第5条2(a)	同項第8号
(b)	同項第7号

3　条約実施法には規定のないシンガポール条約上の拒否事由

(1)　シンガポール条約第5条1(b)(ii)

シンガポール条約第5条1(b)(ii)では、「援用される和解合意が」「当該和

解合意の文言によれば、拘束力を有しないか、又は最終的なものでないこと」が拒否事由とされている。これは、和解合意それ自体の明示又は黙示の文言によれば、当事者が当該和解合意の内容に拘束されることを意図していなかったことが客観的に認められるときには、これを抗弁として主張することができることを明らかにするためのものである。

　しかしながら、条約実施法においては、国際和解合意の当事者が民事執行の合意をした場合に限って条約実施法が適用され、我が国の裁判所に対して執行決定を求める申立てをすることができることとされており（条約実施法第3条、第5条。Q50参照）、当事者が積極的に和解合意に拘束され、その執行を受忍することを意図していなければ和解合意は執行されないことから、前記のような拒否事由を定める意義は乏しいと考えられる。

　また、例えば、和解協議において、一方の当事者が他方の当事者に対して解決金を支払う旨の中間的な合意文書が作成されたものの、その金額や支払時期等の詳細が定まっていないような場合も、シンガポール条約第5条1(b)(ii)の拒否事由に該当し得るものと考えられるが、このような合意文書に基づいて執行決定を求める申立てがされたときは、条約実施法第5条第12項第3号の「国際和解合意に基づく債務の内容を特定することができないこと」との執行拒否事由に該当するものとして、申立てが却下されるものと考えられる。

　なお、例えば、和解合意に条件が付され、かつ、その条件への違反があったような場合も、シンガポール条約第5条1(b)(ii)の拒否事由に該当し得るものと考えられるが、このような事由は、我が国においては、執行文の付与や執行手続の開始の局面（民事執行法第27条第1項又は第30条第1項等参照）で考慮されるべきことと整理されており、執行決定の手続において執行を拒否する理由はないものと考えられる。

(2)　シンガポール条約第5条1(b)(iii)

　シンガポール条約第5条1(b)(iii)では、「援用される和解合意が」「事後に修正されたこと」が拒否事由とされている。これは、当事者間で締結された最後の和解合意に対してのみ救済が付与されることを明らかにするためのものである。

　しかしながら、前記の拒否事由が想定している場面として、例えば、当事

者が和解合意を締結した後に再度協議を行い、その内容を変更した場合は、変更前の和解合意は効力を失い、当該和解合意に基づく債務は消滅しているものと考えられることから、執行決定を求める申立てがされたとしても、条約実施法第5条第12項第4号の「国際和解合意に基づく債務の全部が履行その他の事由により消滅したこと」との執行拒否事由に該当するものとして、申立てが却下されるものと考えられる。

⑶　シンガポール条約第5条1(d)

　シンガポール条約第5条1(d)では、「救済の付与が和解合意の文言に反すること」が拒否事由とされている。これは、調停が専ら当事者間の合意に基づく手続であることから、当事者間において、和解合意にシンガポール条約を適用しないことが合意されているときには、その合意を尊重し、シンガポール条約に基づく執行が行われないようにすることを明らかにするためのものである。

　しかしながら、前記⑴のとおり、条約実施法では、民事執行の合意がある場合にのみ適用することとしているため（条約実施法第3条）、前記のような拒否事由を定める意義は乏しいと考えられる。

Q72　執行拒否事由と民事執行法上の請求異議事由とは、どのような関係か。

A　**1　請求異議事由**

　民事執行法上の請求異議事由（同法第35条）とは、特定の債務名義が存在することを前提に、当該債務名義の執行力の排除（当該債務名義に基づく強制執行の不許）を求め得る理由となる事由のことをいい、債務者は、請求異議の訴えにおいて、当該事由を主張することができる。具体的には、債務名義に係る請求権の存在に関するもの（契約の不成立、契約の無効等の請求権の発生を妨げる事由や、弁済、契約の解除等の請求権を消滅させる事由）、請求権の内容に関するもの（期限の猶予、履行条件の変更等）、請求権の行使に関するもの（不執行の合意等）のほか、裁判以外の債務名義[注1]については、その成立に関するものも異議事由とされている（同条第1項）。ただし、確定判決等の既判力を伴う債務名義についての異議事由は、その基準時以後に生じたものに限られている（同条第2項）。

2　請求異議事由と執行拒否事由との関係

　条約実施法第5条第12項各号に掲げる執行拒否事由（Q62以下）とは、執行決定を求める申立てを受けた裁判所が、当該申立てを却下することができる事由のことをいい、債務者（執行決定を求める申立ての被申立人）は、執行決定の手続において、当該事由を主張することができる。このうち、例えば、同項第4号に掲げる執行拒否事由（国際和解合意に基づく債務の全部が履行その他の事由により消滅したこと）は、我が国における民事手続法の一般的な考え方からすると請求異議事由としてのみ整理するとの考え方もあり得るものの、執行決定の手続においてそのような事由があることが認められるのであれば、もはや当該国際和解合意に基づく民事執行を許すべき正当化根拠を欠くと考えられることのほか、シンガポール条約との整合性も考慮し、執行拒否事由として規定されている。

　このように、条約実施法上の執行拒否事由は、民事執行法上の請求異議事由と重複するものであるが、条約実施法では、債務者の手続保障の充実や提訴の負担を重視する観点から、請求異議事由に当たり得るものについても執

行拒否事由として規定されており、債務者は、執行決定の手続において当該事由を主張することができることとなる^(注2)。

(注1) 請求異議の訴えにおいて、仲裁判断の成立についての事由を主張することができるかが争われた事案において、確定した執行決定のある仲裁判断は、民事執行法第35条第1項後段の「裁判以外の債務名義」に当たらないと判示した裁判例（東京地判平成28年7月13日判時2320号64頁及びその控訴審である東京高判平成29年5月18日公刊物未登載参照）がある。この裁判例の考え方を踏まえると、国際和解合意が債務名義となるためには「確定した執行決定」が必要である上、国際和解合意の成立の瑕疵は執行決定の手続において争うことができ、執行決定に対しては即時抗告をすることができる（条約実施法第5条第14項）ことから、確定した執行決定のある国際和解合意は、民事執行法第35条第1項後段の「裁判以外の債務名義」には該当しないとの考え方があり得る。他方、法律上の実体的な権利関係に関する争いを確定させるためには公開の法廷における対審及び判決によるとの判例法理（最大決昭和40年6月30日民集19巻4号1089頁等参照）を重視する観点や、国際和解合意については、仲裁判断の取消しのようにその成立自体を争う手続が設けられておらず、また、裁判上の和解との類似性もあるとの観点から、同項後段の「裁判以外の債務名義」に該当するとの考え方もあり得る。

(注2) 今回の法整備により、条約実施法上の執行拒否事由につき請求異議の訴えにおいて請求異議事由としての主張を制限するとの規定は設けられていない。もっとも、執行決定の手続における主張が排斥された場合において、請求異議の訴えで同一の事由を再度主張することが許されるかについては、別途議論があり得る。

(参照条文) 民事執行法（昭和54年法律第4号）
（請求異議の訴え）
第三十五条 債務名義（第二十二条第二号又は第三号の二から第四号までに掲げる債務名義で確定前のものを除く。以下この項において同じ。）に係る請求権の存在又は内容について異議のある債務者は、その債務名義による強制執行の不許を求めるために、請求異議の訴えを提起することができる。裁判以外の債務名義の成立について異議のある債務者も、同様とする。
2 確定判決についての異議の事由は、口頭弁論の終結後に生じたものに限る。
3 （略）

Q73　国際和解合意の援用に関する規定を設けていない理由は、どのようなものか。

A　### 1　シンガポール条約における援用の意義

　シンガポール条約は、当事者が和解合意によって解決されたと主張する事項に関して紛争が生ずる場合には、締約国は、当該当事者に対し、当該事項が既に解決されていることを証明するため、この条約に定める条件の下に、かつ、自国の手続規則に従って、当該和解合意を援用することを認めるものとすると規定し（シンガポール条約第3条2）、その要件について、和解合意の執行のための要件と共通の規律を設けている（シンガポール条約第4条及び第5条）。

　シンガポール条約における「援用（invoke）」とは、当該事項が調停による和解合意により解決済みであることを証明するために、当事者が当該和解合意の準拠法上の効果を主張し、権限機関がそのような法的効果を認めることを意味するものと考えられる。そうすると、援用したことの効果として、締約国の権限機関は、調停による和解合意により解決された個別の事項について改めて訴えが提起された場合には、当該和解合意が存在することを根拠に、当該事項は調停による和解合意により解決済みであるとして、当該訴えを却下又は棄却することができると考えられる。そして、援用にも拒否事由の規定（シンガポール条約第5条）が適用されることから、当事者が調停による和解合意を援用したとしても、締約国の権限機関が、拒否事由該当性を判断し、救済の付与を拒否する場合があるといえる。

2　条約実施法において規定を設けていない理由

　前記1のようなシンガポール条約における援用の意義、効果を前提とすると、我が国の現行法制下において、既に、調停による和解合意の援用が作用する場面は想定されていると考えられる。例えば、売買代金の支払をめぐって紛争が生じ、調停により売買代金債務が存在しないことを確認する旨の和解合意が成立した後、売主が買主に対し売買代金の支払を求める訴えを日本の裁判所に提起した場合には、当該訴訟の中で、買主から当該紛争については和解合意により解決済みであることが抗弁として主張され、裁判所により

当該事実が認定されたときは、当該和解合意の準拠法上の効果に従い、当該訴訟において請求権は消滅しているものと判断され得ることとなる。ただし、これに対しては、更に再抗弁が主張されることが想定される（なお、再抗弁事由となり得る範囲は、シンガポール条約に規定された権限機関が救済の付与を拒否できる事由の範囲を超えることはないものと考えられる。）。

　このように、シンガポール条約が想定する「援用」については、我が国の現行法の枠組みにおいて、当事者が準拠法に基づき和解合意の存在等を抗弁等として主張・立証することにより、裁判所が当該和解合意の法的効果を認めることは可能であることから、条約実施法において特段の規律を設けなかったものである。

第4章 ADR法の一部改正関係

Q74　ADR法改正法においては、ADR法について、どのような改正がされているか。

A　ADR法改正法は、我が国における裁判外紛争解決手続の利用を一層促進し、紛争の実情に即した迅速、適正かつ実効的な解決を図るため、認証紛争解決手続において成立した和解に基づく強制執行を可能とする制度を創設する等の措置を講ずるものであり、その概要は次のとおりである(注)。

　まず、ADR法改正法では、認証紛争解決手続において紛争の当事者間に成立した和解であって、当該和解に基づいて民事執行をすることができる旨の合意がされたものが「特定和解」と定義され、この特定和解については、民事執行をすることが可能とされている（Q77の1）。

　そして、ADR法改正法では、特定和解に基づいて民事執行をしようとする当事者は、裁判所に対して執行決定を求める申立てをしなければならず、その申立てを受けた裁判所は、特定和解が効力を有しないものでないか等の執行拒否事由の有無を審査することとされるなど、執行決定の手続に関する規定が整備されている（Q81）。

　なお、民整法によるADR法の改正に伴い、ADR法の条番号が改められているが、本書では、同改正前のADR法の条番号に基づいて解説する（同改正によるADR法の新旧対照条文については資料5を参照されたい。）。

　（注）　ADR法改正法では、本文に記載した認証紛争解決手続において成立した和解に基づく民事執行を可能とする制度が創設されているほか、認証紛争解決事業者に対して一律に業務内容等の事務所での掲示を義務付けている旧ADR法の規律が改められ、事務所での掲示又はインターネットの利用その他の方法による公表を義務付けることとされている（新ADR法第11条第2項。Q90）。

Q75　今回、条約実施法の制定と併せて ADR 法の一部を改正した理由は、どのようなものか。

A　近年、国際仲裁の複雑化、長期化を背景に国際商事紛争の解決手段として国際調停が注目を集め、調停による和解合意に執行力を付与する枠組みを設けるシンガポール条約が発効したこともあり、我が国においても、民間調停において成立した国際的な和解合意に基づく強制執行を可能とする制度を創設することが求められていた（Q3の1）。そこでは、「国際性」を有する和解合意が締結されるような事案においては、執行力を付与するための代替手段を利用することは容易でなく、和解合意の内容が任意に履行されなかった場合に改めて訴訟を提起することの負担も大きいことが強調されていた（Q52の1）。

　もっとも、和解合意に基づく強制執行の必要性が現実化するのは、債務者において和解合意に基づく義務が任意に履行されなかった場面であるが、国内の事案においても、そのような場面において代替手段を利用することが困難であることに変わりはない。そして、そもそも、我が国において民間調停が利用される事案においては、紛争の額が比較的小さいものが一定程度含まれていることを踏まえると、代替手段を利用するための更なる金銭的負担をかけずに執行力を付与する必要性が高いと考えられる。

　我が国においては、民事上の紛争につき、その実情に即した迅速、適正かつ柔軟な紛争解決を図る観点から、ADR法により、裁判所外の民間事業者が行う調停（民間調停）に関する法務大臣の認証制度が設けられているが、民間調停において和解が成立しても、当該和解に基づいて民事執行をすることは認められておらず(注)、このことが民間調停の利用の促進を妨げる要因となっているとの指摘がされていた。加えて、近年、政府の重要施策として「オンラインでの紛争解決（ODR）の推進」が掲げられ、その実現に資するものとして、民間調停の更なる利用を促進する機運が高まっていた。

　そこで、法務大臣の認証を受けた認証紛争解決事業者が行う調停（認証紛争解決手続）において成立した和解につき、当該和解に基づく民事執行を可能とする制度を創設するため、ADR法の一部改正が行われたものである。

　（注）　民事調停法又は家事事件手続法においては、裁判所における民事調停又は家事調停において当事者間に合意が成立し、これを調書に記載したときは、その記載は、裁判上の和解又は確定判決・確定した審判と同一の効力を有するとされ（民事調停法第16条、家事事件手続法第268条第1項）、これに基づく民事執行が可能であるが、民間調停において成立した和解には、そのような効力は認められていなかった。

| Q76 | 調停において成立した和解に基づく強制執行については、ADR法の制定時からその是非が検討されていたものの将来の課題とされていた理由は、どのようなものであったか。今回の改正において、その課題に対してどのような対応をしたのか。 |

A

1　従前の議論において指摘されていた課題

　我が国においては、民間調停において成立した和解に基づく強制執行を可能とすることについて、主として、ADR法の制定時及び見直し時に議論がされた（Q3の2）。

　そこでは、利用者等の動機付けや便宜の観点から強制執行を可能とすることに積極的な意見が述べられた一方、これに消極的な立場から、濫用のおそれがあるとの指摘(注)や、強制執行が可能であることにより利用者を萎縮させ、裁判外紛争解決手続の機能を阻害するとの指摘がされた。

　そのため、民間調停において成立した和解に基づく強制執行を可能とすることについては、今後も検討を続けるべき将来の課題とするものとされていた。

2　課題を踏まえた方策

　法制審議会仲裁法制部会では、民間調停において成立した和解合意に執行力を付与することにより想定される「弊害」について、和解合意の成立が当事者の真意かつ終局的意思に基づくものではなく、当該和解合意の内容に実体的、手続的正当性が認められないにもかかわらず、強制執行がされるおそれがあること（調停手続を悪用して債務名義が作成されることを含む。）と整理され、これに対する方策について調査審議がされた。そして、新ADR法では、①和解合意に基づく民事執行を可能とするためには、和解合意の当事者間において、当該和解合意とは別に、当該和解合意に基づいて民事執行をすることができる旨の合意（以下本章において「民事執行の合意」という。）をすることが必要とされ（新ADR法第2条第5号）、②潜在的に当事者間の力の不均衡等が想定される消費者契約に係る紛争や個別労働関係紛争については適用除外とされ（新ADR法第27条の3第1号及び第2号）、③和解合意に基

づく民事執行が公序良俗に反する場合等には、裁判所は、民事執行を許さないものとされている（新 ADR 法第 27 条の 2 第 11 項各号）ことから、制度の濫用のおそれは払拭されているものと考えられる。

　また、民事執行を可能とするかどうかは、債務者がその旨の合意をするかどうかに委ねられているため、債務者が萎縮して和解の成立が妨げられるとの懸念も払拭されているものと考えられる。

　（注）　従前の議論においては、濫用のおそれがある紛争類型の例として、金融業者と消費者との間の紛争が挙げられていた。

Q77　新ADR法における「特定和解」とは、どのようなものか。また、強制執行を可能とする範囲につき、認証紛争解決手続において成立した和解に限った理由は、どのようなものか。

A　**1　特定和解**

　新ADR法では、認証紛争解決手続において紛争の当事者間に成立した和解であって、民事執行の合意がされたものが「特定和解」と定義され（新ADR法第2条第5号）、この特定和解に該当するものに限り、債権者は、裁判所に対し、特定和解に基づく民事執行を許す旨の決定（執行決定）を求める申立てをすることができ（新ADR法第27条の2第1項）、「確定した執行決定のある特定和解」を債務名義として、民事執行をすることができることとされている（ADR法改正法による改正後の民事執行法第22条第6号の5）。

　なお、民事執行の合意は、認証紛争解決手続においてする必要がある[注1]。これは、民事執行の合意が当事者の真意かつ終局的な意思に基づくものであることを担保するためには、和解の成立と民事執行の合意との時期の隔たりをできる限り小さくするとともに、民事執行の合意について調停人（手続実施者）の関与を求めることが望ましいと考えられたためである。

2　認証紛争解決手続において成立した和解に限定した理由

　国際商事の分野において民間調停が利用される場面では、多くの場合、一定額以上の商取引に関する紛争について、当事者双方に法曹有資格者等の専門家が手続代理人として選任され、適切な調停機関ないし調停人を自主的に選択する資力や能力のある当事者が十分な検討を重ねた上で和解合意に至る蓋然性が高く、執行力を付与することにより懸念される弊害（Q76）は類型的に小さいと考えられる。

　一方、我が国における民間調停の利用実績等を踏まえると、国内の事案については、紛争の類型や当事者の特性等として様々なものが想定されるため、国際性を有する和解合意と比較して、懸念される弊害が生ずるおそれが高まるとも考えられる。

　そこで、国内の事案については、裁判所における執行決定の手続に入る前

の段階で弊害が生じ得る和解合意をできる限り排除するとの観点から、執行力を付与し得る対象について一定の範囲に限定することとされ、その範囲については、手続の公正かつ適正な実施が一律に制度上担保され、かつ、それが広く国民に周知されている認証紛争解決手続において成立した和解合意とすることとされた^(注2)。

（注1）　ADR法改正法の施行の日（令和6年4月1日）より前に認証紛争解決手続において成立した和解については、施行の日以後に民事執行の合意だけをしても当該和解に基づく民事執行が可能となるものではない。他方、例えば、ADR法改正法の施行の日より前から手続が進行中の認証紛争解決手続であっても、和解の成立がADR法改正法の施行の日以後であれば、当該和解の成立時点で当該和解について併せて民事執行の合意をすることにより、当該和解に基づく民事執行が可能となる。

（注2）　弁護士会が行う調停手続（いわゆる弁護士会ADR）については、その弁護士会が法務大臣の認証を受けた認証紛争解決事業者であれば、手続の公正かつ適正な実施が一律に制度上担保され、かつ、それが広く国民に周知されているといえるため、新ADR法の執行決定の規定が適用される。

Q78 強制執行を可能とする制度を導入することに併せて、認証要件等の見直しをしなかった理由は、どのようなものか。

A 　ADR法では、民間紛争解決手続が有効にその紛争解決機能を発揮することができるようにするため、民間紛争解決手続を業として行う者が取り扱う紛争の範囲に応じて、和解の仲介を行うのにふさわしい者を手続実施者として選任できることやその選任方法等を定めていることが認証の基準とされている（ADR法第5条及び第6条）。また、認証紛争解決手続の適正性等を確保するため、手続実施者が弁護士でない場合には、手続の実施に当たり法令の解釈適用に関し専門的知識を必要とするときに、弁護士の助言を受けることができるようにするための措置を定めていることも認証の基準とされている（ADR法第6条第5号）。

　そうすると、認証紛争解決手続については、ADR法の認証制度の下において、手続の公正かつ適正な実施が担保されているものと評価することができる。そのため、認証紛争解決手続において成立した和解合意に基づく民事執行を可能とする制度を設けることと併せて、認証要件等の見直しをする必要はないものと考えられた。

　もっとも、こうした新制度の施行後、認証紛争解決手続の利用者が、成立した特定和解に基づく民事執行が可能であると期待したにもかかわらず、手続等に不備があるために民事執行ができないなどの不測の事態が生じないよう、新制度の施行後も認証紛争解決業務が適正に行われる必要がある。

　こうした観点から、令和5年11月、裁判外紛争解決手続の利用の促進に関する法律施行規則（平成18年法務省令第52号）及び裁判外紛争解決手続の利用の促進に関する法律の実施に関するガイドライン（平成18年6月20日制定）の改正が行われている[注]。

　（注）　これらの改正内容については、かいけつサポートのホームページ中「認証事業者用」の「法令等」に説明資料が掲載されている。

Q79
いわゆる行政 ADR の手続において成立した和解を対象としなかった理由は、どのようなものか。

A 我が国には、行政機関が運営主体となって、その所管する個別法に基づき、所管事業等に係る私人間の紛争を対象として行われる調停手続がある（いわゆる行政 ADR）^(注)。

この行政 ADR は、その対象とする紛争の類型や当事者の属性が手続によって異なり、個別の根拠法令の規定も一律ではない。そのため、行政 ADR において成立した和解合意に基づいて民事執行を認めるか否かについては、各手続の実情等に応じて、手続の根拠法令ごとに個別に検討されるべきものであると考えられる。

ADR 法改正法では、行政 ADR において成立した和解合意を明示的に排除することとはしていないが、その運営主体が法務大臣の認証を受けた事業者ではないため、新 ADR 法の規定により和解合意に基づく民事執行が認められるものではない。

（注）　例えば、中央建設工事紛争審査会（建設業法（昭和 24 年法律第 100 号））、国民生活センター紛争解決委員会（独立行政法人国民生活センター法（平成 14 年法律第 123 号））、電気通信紛争処理委員会（電気通信事業法（昭和 59 年法律第 86 号））が運営する調停手続等がある。

Q80 特定和解は、書面でする必要があるか。また、オンラインの手続において成立した特定和解についてはどうなるか。

A ### 1　特定和解の書面性

特定和解に基づく民事執行を許すに当たっては、当該特定和解の内容が明確になっている必要があることから、特定和解の内容が何らかの方式で記録されていることが必要である。

他方、後記2のとおり、近時のデジタル技術の発展に伴い、民間調停においては、その柔軟性を生かして様々な手続上の工夫がされており、そのような調停の実務に対応し得る規律とする必要がある。

そこで、新 ADR 法においては、特定和解が書面によってされることが必須とはされておらず、執行決定の申立ての段階で、裁判所に対して特定和解の内容が記載された書面等を提出すれば足りるものとされている（Q82）。

2　オンラインの手続において成立した特定和解

ODR（Online Dispute Resolution）とは、デジタル技術を活用して調停等の紛争解決手続（ADR）をオンライン上で実施するものをいうとされている(注)。具体的には、対面での話合いをウェブ会議システムを通じた話合いに置き換えるものや、チャット機能等を利用してデジタル・プラットフォーム上で紛争解決手続を完結させるものがある。

ADR 法改正法では、調停をオンライン上で実施するかどうかで特定和解の成否につき区別を設けていないことから、調停をオンライン上で実施するものであっても、認証紛争解決手続で成立した和解であれば、他の要件を満たす限り、当該和解に基づく民事執行が可能となる。

例えば、個別の事案にもよるが、手続実施者を交えた電子メール等のやりとりによって当事者間で特定和解がされた場合や、オンライン上の紛争解決サービスにログインする際に本人確認がされ、同サービスを利用して行われた調停において、手続実施者から示された和解案に対して「同意する」をクリックしたことが電磁的な方式で記録されている場合等においては、当事者の意思により作成されたものであることなどが証明されることを前提として、これらの電磁的記録をプリントアウトした書面又はこれらの電磁的記録

に係る記録媒体を裁判所に提出することにより、執行決定を求める手続の申立てをすることが想定される。なお、裁判外紛争解決手続の利用の促進に関する法律の実施に関するガイドラインでは、裁判所に提出する書面等として紛争の当事者双方の署名又は電子署名がされたものを例示しているが、これは、このような書面等であれば、通常、当該書面等自体から当事者の意思により作成されたものであることが証明されることが多いと考えられるためである。

（注）　法務省が令和4年3月に策定した「ODRの推進に関する基本方針〜ODRを国民に身近なものとするためのアクション・プラン〜」（https://www.moj.go.jp/content/001370368.pdf）参照。

Q81 執行決定とは、どのようなものか。また、執行決定を求める申立ての手続は、どのようなものか。

A

1　執行決定の意義等

　新ADR法では、特定和解に基づく民事執行を可能とするには、裁判所による執行決定が必要であることとされた（新ADR法第27条の2第1項）。ここにいう執行決定とは、特定和解に基づく民事執行を許す旨の決定をいい、この執行決定により、特定和解に執行力が付与されることとなる(注1)。

　このように、裁判所の審査を経なければならないこととされているのは、紛争の実情に即した迅速かつ実効的な解決を図るため、民間調停において成立した和解自体に基づく民事執行を認めることとしつつも、和解内容の強制的な実現が国家権力の作用に基づくものであることに照らし、和解の実体面及び手続面における適正をあらかじめ裁判所が関与する形で確認することが必要であると考えられたためである。

2　執行決定を求める申立ての手続の概要

　特定和解に基づいて民事執行をしようとする当事者は、債務者を被申立人として、裁判所に対し、執行決定を求める申立てをしなければならない（新ADR法第27条の2第1項）。

　特定和解の執行決定を求める申立てに係る事件については、①当事者が合意により定めた地方裁判所、②被申立人の普通裁判籍の所在地を管轄する地方裁判所及び③請求の目的又は差し押さえることができる被申立人の財産の所在地を管轄する地方裁判所に管轄が認められる（新ADR法第27条の2第5項）。これらの裁判所のうち二以上の裁判所が管轄権を有することとなる場合において、当事者が二以上の裁判所に執行決定を求める申立てをしたときは、先に申立てを受けた裁判所にのみ管轄が認められ（同条第6項）、後に申立てを受けた裁判所は、管轄違いによる移送（同条第7項）をすることとなる。申立てを受けた裁判所は、管轄権を有しないときは、前記①から③までの管轄権を有する裁判所に事件を移送しなければならないが、管轄権を有するときであっても、相当と認めるときは、前記①から③までのうちの別の

裁判所に事件を移送することができる（同条第8項）。なお、移送の裁判に対しては、その告知を受けた日から2週間の不変期間内に、即時抗告をすることができる（同条第9項）。

　執行決定を求める申立てを受けた裁判所は、新ADR法所定の執行拒否事由（Q83）の有無を審査し、その事由がない限り、執行決定をしなければならない（新ADR法第27条の2第10項及び第11項）。この手続は、当事者間の実体的な権利義務の存否を確定するものではなく、決定で完結する事件であることから、任意的口頭弁論とされているが（新ADR法第27条の4）、特定和解に基づく民事執行を許すか否かについては当事者の権利関係に重大な影響を与えることから、当事者（特に債務者）の防御の機会を保障するため、執行決定を求める申立てについての決定は、口頭弁論又は当事者双方が立ち会うことができる審尋の期日を経なければすることができないこととされている（新ADR法第27条の2第12項）。

　執行決定を求める申立てと並行して、他の裁判所又は仲裁廷に対して当該特定和解に関する他の申立て^(注2)がされた場合には、執行決定の申立てを受けた裁判所は、当該他の申立てに係る判断との矛盾抵触を避けるため、執行決定の手続を中止することが可能であり、その際、執行決定の申立人の申立てにより、被申立人に対し、担保を立てるべきことを命ずることができることとされている（新ADR法第27条の2第4項）。

　執行決定を求める申立てについての決定に対しては、その告知を受けた日から2週間の不変期間内に、即時抗告をすることができる（新ADR法第27条の2第13項）。この期間については、民事訴訟法上の即時抗告期間である1週間（同法第332条）よりも長い2週間とされている。これは、特定和解の執行決定を求める申立てについての決定が、特定和解に基づく民事執行の可否を決するという重大な効果を有するものであり、不服申立ての機会を十分に保障する必要があるためである。

　なお、特定和解に基づく民事執行をするためには、執行決定が確定する必要がある。この場合の債務名義は、確定した執行決定のある特定和解（ADR法改正法による改正後の民事執行法第22条第6号の5）であり、特定和解と執行決定とが合体して複合的債務名義となるものと考えられる。

　（注1）　特定和解そのものは執行力を有するものではなく、執行決定を求める申立てを形成的裁判の申立てであると捉え、執行決定の形成力により原始的に執行力が付与されるものと考えられる。

　（注2）「当該特定和解に関する他の申立て」としては、例えば、特定和解の内容に関する申立て（特定和解の不履行を理由とする損害賠償を求める訴えの提起又は仲裁手続の申立て）や、特定和解の有効性に関する申立て（特定和解が無効であることの確認を求める訴えの提起又は仲裁手続の申立て）が考えられる。

Q82

執行決定を求める申立てをする際に裁判所に提出しなければならない書面については、どのような規定が設けられているか。

A

　新 ADR 法第 27 条の 2 第 2 項では、執行決定を求める申立てをする者（申立人）は、裁判所に対し、次に掲げる書面を提出しなければならないこととされている。

①　当事者が作成した特定和解の内容が記載された書面（新 ADR 法第 27 条の 2 第 2 項第 1 号）(注1)(注2)

②　認証紛争解決事業者又は手続実施者が作成した特定和解が認証紛争解決手続において成立したものであることを証明する書面（同項第 2 号）

前記①又は②の書面については、複数の書面が作成されることが想定されているが、例えば、和解条項及び民事執行の合意が記載された書面上に、認証紛争解決事業者又は手続実施者が、当該特定和解は認証紛争解決手続において成立したものであることを証明する旨の記載をしたときのように、物理的に 1 つの書面が作成されることも想定される。

なお、前記①又は②の書面については、これに記載すべき事項を記録した電磁的記録に係る記録媒体の提出をもって、当該書面の提出に代えることが可能であり、当該記録媒体を提出した申立人は、当該書面を提出したものとみなされる（新 ADR 法第 27 条の 2 第 3 項）。

　（注1）　特定和解の定義（新 ADR 法第 2 条第 5 号。Q77 の 1）に照らせば、新 ADR 法第 27 条の 2 第 2 項第 1 号の規定により、和解条項が記載された書面のみならず、民事執行の合意が記載された書面も提出しなければならないこととなる。

　（注2）　本文①の書面の提出が要件とされている趣旨は、執行決定の手続を経ることによって特定和解が債務名義となることから、裁判所において、その内容を確認する必要があるとともに、当該特定和解をした当事者と執行決定の手続における当事者との同一性及びその意思を確認することにある。そのため、「当事者が作成した……書面」とは、当事者の意思により作成された書面であれば足り、物理的に当事者自らが作成した書面であることまで要するものではない。例えば、認証紛争解決事業者又は手続実施者が和解条項を記載した書面に当事者双方が署名したもののみならず、当事者双方の記名のみがあるもの

であっても差し支えない場合もある。なお、裁判外紛争解決手続の利用の促進に関する法律の実施に関するガイドラインでは、本文①の書面として紛争の当事者双方の署名がされたものを例示しているが、このような書面であれば、通常、当該書面自体から当事者の意思により作成されたものであることが証明される場合が多いと考えられる。

Q83 執行決定を求める申立てを却下することができる事由（いわゆる執行拒否事由）については、どのような規定が設けられているか。

A 新 ADR 法第 27 条の 2 第 11 項では、裁判所は、執行拒否事由のいずれかがあると認めるときに限り、執行決定を求める申立てを却下することができることとされ（注1）、次のとおり、執行拒否事由が定められている。これらの事由は、例示列挙ではなく、限定列挙である。

　なお、新 ADR 法第 27 条の 2 第 11 項第 1 号から第 5 号までに掲げる事由（後記①から⑤まで）については、被申立人が当該事由の存在を証明する必要があるが、同項第 6 号及び第 7 号に掲げる事由（後記⑥及び⑦）については、必ずしもその証明を要しないこととされている（注2）。

①　特定和解が、無効、取消しその他の事由により効力を有しないこと（新 ADR 法第 27 条の 2 第 11 項第 1 号）（注3）

②　特定和解に基づく債務の内容を特定することができないこと（同項第 2 号）

③　特定和解に基づく債務の全部が履行その他の事由により消滅したこと（同項第 3 号）

④　認証紛争解決事業者又は手続実施者がこの法律若しくはこの法律に基づく法務省令の規定又は認証紛争解決手続を実施する契約において定められた手続の準則（公の秩序に関しないものに限る。）に違反した場合であって、その違反する事実が重大であり、かつ、当該特定和解の成立に影響を及ぼすものであること（同項第 4 号）（注4）

⑤　手続実施者が、当事者に対し、自己の公正性又は独立性に疑いを生じさせるおそれのある事実を開示しなかった場合であって、当該事実が重大であり、かつ、当該特定和解の成立に影響を及ぼすものであること（同項第 5 号）

⑥　特定和解の対象である事項が、和解の対象とすることができない紛争に関するものであること（同項第 6 号）

⑦　特定和解に基づく民事執行が、公の秩序又は善良の風俗に反すること（同項第 7 号）

　（注1）　仲裁法における仲裁判断の執行決定を求める申立てや、条約実施法における国際和解合意の執行決定を求める申立てにおいても、同様の規定とされている（新仲裁法第46条第7項、条約実施法第5条第12項）。

　（注2）　仲裁法における仲裁判断の執行拒否事由や、条約実施法における国際和解合意の執行拒否事由についても、同様の規定とされている（新仲裁法第46条第7項、条約実施法第5条第12項）。

　（注3）　条約実施法と異なり、当事者の行為能力の制限とそれ以外の事由とで区別されていないが、これは、特定和解については、その大多数が渉外的要素を含まない純粋な国内事案であることが想定され、準拠法の決定が問題となる場面が少ないと考えられたためである（Q63、Q64）。

　（注4）　条約実施法と異なり、調停人たる手続実施者に加え、認証紛争解決事業者による法令・準則違反も執行拒否事由とされており、具体的には、紛争の当事者に対する説明義務（ADR法第14条）や手続実施記録の作成及び保存義務（ADR法第16条）等の違反が想定されている。

Q84 新ADR法の執行決定の規定の適用が除外される特定和解は、どのようなものか。

A 新ADR法第27条の3では、特定和解のうち、新ADR法第27条の2（執行決定）の規定を適用しないものが定められている。新ADR法第27条の3第1号から第3号までの規定は一定の紛争に係る特定和解について、同条第4号の規定は他の法律の規定に基づき執行決定を求めることができる特定和解について、それぞれ新ADR法上の執行決定の規定の適用対象から除外することとされており、その具体的内容は、次のとおりである。

① 消費者（消費者契約法第2条第1項に規定する消費者をいう。）と事業者（同条第2項に規定する事業者をいう。）との間で締結される契約に関する紛争に係る特定和解（新ADR法第27条の3第1号。Q85）

② 個別労働関係紛争（労働条件その他労働関係に関する事項についての個々の労働者と事業主との間の紛争のこと。個別労働関係紛争の解決の促進に関する法律第1条）に係る特定和解（新ADR法第27条の3第2号。Q86）

③ 人事に関する紛争その他家庭に関する紛争に係る特定和解（民事執行法第151条の2第1項各号に掲げる義務に係る金銭債権に係るものを除く。）（新ADR法第27条の3第3号。Q87、Q88）

④ 条約実施法第2条第3項に規定する国際和解合意に該当する特定和解であって、条約実施法の規定の適用を受けるもの（新ADR法第27条の3第4号。Q89）

Q85 消費者と事業者との間で締結される契約に関する紛争に係る特定和解について新ADR法の執行決定の規定を適用除外とした理由は、どのようなものか。

A 新ADR法第27条の3第1号では、消費者（消費者契約法第2条第1項に規定する消費者をいう。）と事業者（同条第2項に規定する事業者をいう。）との間で締結される契約に関する紛争に係る特定和解について、執行決定の手続の規定の適用が除外されている。つまり、この規定によれば、適用が除外されるのは消費者・事業者間（BtoC）の紛争に限定され、事業者間（BtoB）の紛争や個人間（CtoC）の紛争に係る特定和解については、これに基づく民事執行をすることが可能となる(注1)。

　これは、消費者・事業者間（BtoC）の紛争については、情報や交渉力の格差を背景とする消費者保護の観点(注2)から、当事者間の合意を根拠に執行力を付与することには慎重であるべきと考えられる一方、我が国における民間調停の利用の実情等に照らすと、認証紛争解決手続では当事者の双方が個人であることも多く、個人間（CtoC）の紛争に係る和解について民事執行を可能とするニーズが高い上、法務大臣の認証を受けた民間事業者が行う調停であれば、手続の公正かつ適正な実施が担保されていると評価することができると考えられたためである。

　（注1）　条約実施法第4条第1号では、シンガポール条約に対応させる観点から、民事上の契約又は取引のうち、当事者の全部又は一部が個人（事業として又は事業のために契約又は取引の当事者となる場合におけるものを除く。）であるものに関する紛争に係る国際和解合意が適用除外とされ、事業者間（BtoB）の紛争に係る国際和解合意に限定して民事執行をすることが可能とされている。

　（注2）　我が国では、消費者・事業者間（BtoC）の紛争を専門的に取り扱う行政ADR機関として国民生活センターが存在し、同センターの業務等については独立行政法人国民生活センター法に種々の規定が設けられている。例えば、同センターに設置された紛争解決委員会が、消費生活センターで解決しなかった重要消費者紛争を受理し、和解の仲介又は仲裁手続により解決を図ることとされ、その特徴として、消費者・事業者間の情報、交渉力の格差を是正するため期日への出席や関係資料の提出等を求める権限や、成立した和解についての履行勧告の権限が与えられている（同法第22条、第37条第1項等参照）。

Q86　個別労働関係紛争に係る特定和解について新ADR法の執行決定の規定を適用除外とした理由は、どのようなものか。

A　新ADR法第27条の3第2号では、条約実施法第4条第2号と同様、個別労働関係紛争（労働条件その他労働関係に関する事項についての個々の労働者と事業主との間の紛争のこと。個別労働関係紛争の解決の促進に関する法律第1条）に係る特定和解について、執行決定の手続の規定の適用が除外されている。

これは、一般的に、労働者と事業主との間には、交渉力や情報等の不均衡が想定され、当事者の真意に基づかない和解合意が成立するおそれが類型的に高くなると考えられることから、当事者間の合意を根拠に執行力を付与することは相当でないと考えられたためである。

この規定により、例えば、解雇や雇止めの無効を主張して未払賃金の支払を求める紛争、単に、賃金、退職金、解雇予告手当、残業代等の支払を求める紛争に係る特定和解については、執行決定の手続の規定の適用が除外されることになる。

Q87 人事・家庭に関する紛争に係る特定和解について新 ADR 法の執行決定の規定を適用除外とした理由は、どのようなものか。

A 新 ADR 法第 27 条の 3 第 3 号では、人事に関する紛争その他家庭に関する紛争(注)に係る特定和解については、執行決定の手続の規定の適用が除外されている。

これは、人事・家庭に関する紛争は、身分関係を形成又は変更し、その結果が当事者以外の第三者に対しても効力を有するものであるという点において、公益性、後見性を有する紛争類型であることから、人事・家庭に関する紛争に係る特定和解については、当事者間の合意を根拠に執行力を付与することは相当でないと考えられたためである。

もっとも、そのうち民事執行法第 151 条の 2 第 1 項各号に掲げる義務に係る金銭債権に係る特定和解については、執行決定の手続の規定の適用が除外されず、例外的に、民事執行が可能とされている（新 ADR 法第 27 条の 3 第 3 号括弧書き。Q88）。

（注）「人事に関する紛争」とは、人事訴訟法第 2 条所定の人事訴訟における訴訟の目的に関する紛争をいい、「その他家庭に関する紛争」とは、家事事件手続法の別表第一及び第二に掲げる事項に関する紛争等をいう。新 ADR 法第 27 条の 3 第 3 号により、離婚及び離縁に関する紛争（人事訴訟法第 37 条第 1 項及び第 46 条参照）や家事事件手続法の別表第二に掲げる事項に関する紛争についても、新 ADR 法の執行決定の手続の規定は適用されないこととなる。なお、人事訴訟における訴訟の目的については、原則として訴訟上の和解をすることができないものとされていること（人事訴訟法第 19 条第 2 項）や、家事事件手続法の別表第一に掲げる事項についての事件に関しては、調停を行うことができないものとされていること（同法第 244 条）から、これらの紛争に係る特定和解に基づく執行決定を求める申立ては、新 ADR 法第 27 条の 2 第 11 項第 6 号の定める執行拒否事由があるものとして、却下されることとなる。

Q88 人事・家庭に関する紛争に係る特定和解のうち、民事執行法第151条の2第1項各号に掲げる義務に係る金銭債権に係るものについて、新 ADR 法の執行決定の規定を適用除外としなかった理由は、どのようなものか。

A 新 ADR 法第27条の3第3号括弧書きでは、人事に関する紛争その他家庭に関する紛争に係る特定和解のうち、民事執行法第151条の2第1項各号に掲げる義務(注1)に係る金銭債権に係る特定和解については、執行決定の手続の規定の適用が除外されず、例外的に、これに基づく民事執行が可能とされている(注2)。

これは、子の福祉の観点等から、養育費の履行確保が喫緊の課題となっていること等を踏まえ、認証紛争解決手続を利用した紛争解決の実効性を高める方策が必要であると考えられる一方、扶養義務等に係る金銭債権については、身分関係を形成し、又は変更するものではなく、専ら財産上のものであること、債務者にとってもその履行内容が明確であり、債務名義となることによる不測の不利益が生ずるおそれも低いことから、当事者間の合意を根拠に民事執行を可能とすることになじみやすく、当事者間の合意を根拠に執行力を付与することも許容されると考えられたためである。

(注1) 民事執行法第151条の2第1項各号に掲げられているのは、①夫婦間の協力扶助義務(民法(明治29年法律第89号)第752条)、②婚姻費用分担義務(同法第760条)、③子の監護費用分担義務(同法第766条等)、④扶養義務(同法第877条から第880条まで)である。これらの義務に係る金銭債権については、民事執行法においても、強制執行を容易にする観点から、様々な民事執行の特例が設けられている(例えば、扶養義務等に係る定期金債権を請求する場合の債権執行等の特例(同法第151条の2)、扶養義務等に係る金銭債権についての強制執行の特例(同法第167条の15及び第167条の16)、債務者の給与債権に係る情報の取得(同法第206条第1項)がある。)。

(注2) 特定和解の内容が記載された書面(新 ADR 法第27条の2第2項第1号)において、扶養義務等に係る金銭債権であることが明示されている必要がある。

Q89　条約実施法の規定の適用を受ける特定和解について新ADR法の執行決定の規定を適用除外とした理由は、どのようなものか。

A　新ADR法第27条の3第4号では、条約実施法第2条第3項に規定する国際和解合意に該当する特定和解であって、条約実施法の規定の適用を受けるものについて、執行決定の手続の規定の適用が除外されている。つまり、この規定によれば、特定和解が条約実施法第2条第3項に定める国際和解合意に該当するときは、条約実施法の規定が優先して適用されることとなる[注]。

　認証紛争解決手続において成立した事業者間の和解のうち、条約実施法と新ADR法のいずれの法律の規定も適用され得るものについて、条約実施法の規定が優先して適用されることとされたのは、国際性の有無を問わず適用される新ADR法が一般法に相当し、国際性を有するものに適用範囲を限定している条約実施法が特別法に相当すると考えられることから、その優先関係を明らかにしたものである。

　（注）　条約実施法第2条第3項の要件を満たす国際和解合意であっても、扶養義務等に係る金銭債権に係るものは、条約実施法第4条第3号の規定により条約実施法の執行決定の規定の適用が除外されることとなるが、当該和解が我が国の認証紛争解決手続において成立した特定和解に当たるときは、新ADR法第27条の3第3号括弧書きにより、新ADR法に基づく執行決定の規定が適用され、当該特定和解に基づく民事執行が可能となる。

Q90 認証紛争解決事業者の業務内容等の掲示方法の見直しの理由及びその内容は、どのようなものか。

A 旧 ADR 法では、認証紛争解決事業者に対してその業務内容等の事務所での掲示が義務付けられていた（旧 ADR 法第 11 条第 2 項）。

もっとも、近年の情報通信技術の著しい進展により、民間紛争解決手続においても、その全部又は一部をオンライン上で行う事業者が多数現れるなどしており、また、法的紛争に遭遇した場合においても、インターネットを活用して紛争解決に係る情報を収集することがごく一般的に行われるようになっている。

こうした現状を踏まえると、インターネット上で公表する方法で情報提供を行うことにも合理性があり、そのような方法を許容することは、認証紛争解決手続の多様性を踏まえつつ、利用者等に対する情報提供の一層の適正化を図る観点からも望ましいことであり、認証紛争解決事業者を通じて紛争当事者が紛争解決の方法を選択するための目安となる情報を国民に提供するという旧 ADR 法第 11 条第 2 項の趣旨に沿うものといえる。

そこで、新 ADR 法第 11 条第 2 項では、認証紛争解決事業者に対して、その業務内容等を、一律に事務所で掲示することを義務付けるのではなく、事務所での掲示又はインターネットの利用その他の方法による公表をすることを義務付けるものとされ、いずれの方法によるかは、認証紛争解決事業者の特性（取り扱う紛争の範囲、手続の実施方法等）に応じて、その選択に委ねることとされた。

なお、「インターネットの利用その他の方法」は、今後の情報通信技術の進展に応じてインターネットの利用以外の方法によることも可能であるが、現時点ではインターネットの利用が想定される。

第5章 | その他（経過措置・他法の整備等）

Q91 仲裁法改正法における仲裁関係事件手続に関する経過措置は、どのようなものか。

A

1　施行の日以後にされた仲裁関係事件手続の申立てについて新仲裁法の規定が適用されるもの（仲裁法改正法附則第2条第1項から第4項まで）

　仲裁法改正法により、新仲裁法では、仲裁関係事件手続につき、東京地方裁判所及び大阪地方裁判所の競合管轄（新仲裁法第5条第2項、第8条第2項第2号、第35条第3項第4号及び第46条第4項第3号）、裁判所の裁量に基づく移送（新仲裁法第5条第5項）、仲裁判断の執行決定を求める申立てにおける仲裁判断書の翻訳文の提出の省略（新仲裁法第46条第2項ただし書）の規定が設けられている。

　これらの規定は、基準の明確性の観点から、仲裁法改正法の施行の日（令和6年4月1日）以後にされた仲裁関係事件手続に係る申立てについて適用することとされている。

2　施行の日以後に開始された仲裁手続において発せられた暫定保全措置命令について新仲裁法の規定が適用されるもの（仲裁法改正法附則第2条第5項）

　仲裁法改正法により、新仲裁法では、新たな仲裁関係事件手続として、暫定保全措置命令の執行等認可決定及び違反金支払命令に関する規定（新仲裁法第47条から第49条まで）が設けられている。

　これらの規定は、仲裁地が日本国内にある場合及び仲裁地が日本国外にある場合の仲裁手続について適用されるところ、当事者の予測可能性の観点から、仲裁法改正法の施行の日（令和6年4月1日）以後に開始された仲裁手続[注]において発せられた暫定保全措置命令について適用することとされている。

　(注)　仲裁手続は、当事者間に別段の合意がない限り、特定の民事上の紛争について、一方の当事者が他方の当事者に対し、これを仲裁手続に付する旨の通知をした日に開始する（仲裁法第29条第1項）。

Q92 仲裁法改正法における仲裁合意の方式及び暫定保全措置命令に関する経過措置は、どのようなものか。

A 1　仲裁合意の方式に関する経過措置（仲裁法改正法附則第3条）

　仲裁法改正法により、仲裁合意の方式につき、新仲裁法第13条第6項の規定が新設され、書面によらないでされた契約に関する書面性の要件が緩和されている。

　一般的に、当事者は、その行為の時点における規律が適用されるものと予測・期待するのが通常であることから、新仲裁法の前記規定は、仲裁法改正法の施行の日（令和6年4月1日）以後に書面によらないでされた契約について適用することとされている(注1)。

2　暫定保全措置命令に関する経過措置（仲裁法改正法附則第4条）

　仲裁法改正法により、新仲裁法では、旧仲裁法第24条の規定が見直され、暫定保全措置命令の定義（類型）及び発令要件が明確化される等の実質的な改正がされている。

　これらの改正に係る規定は、仲裁地が日本国内にある場合の仲裁手続について適用されるところ、当事者の予測可能性の観点から、仲裁法改正法の施行の日（令和6年4月1日）以後に開始された仲裁手続(注2)について適用することとされている。

　したがって、仲裁法改正法の施行の日以後に暫定保全措置命令が発令された場合であっても、施行の日より前に仲裁手続が開始されていたときは、新仲裁法の規定は適用されないこととなる。

（注1）　仲裁法第13条第3項及び第4項の文言は「書面によってされたものとみなす」と改められているが、これは同条の他の規定との整合性及び他の法令との整合性を踏まえて改められたものであり、改正の前後を通じて、前記各項の規定による法的効果に違いはないことから、前記各項に係る経過措置は定められていない。
（注2）　仲裁手続は、当事者間に別段の合意がない限り、特定の民事上の紛争について、一方の当事者が他方の当事者に対し、これを仲裁手続に付する旨の通知をした日に開始する（仲裁法第29条第1項）。

Q93　条約実施法における国際和解合意に関する経過措置は、どのようなものか。

A　条約実施法の規定は、条約実施法の施行の日（令和6年4月1日）以後に成立する国際和解合意について適用することとされている（条約実施法附則第2条）。

　一般的に、当事者は、その行為の時点における規律が適用されるものと予測・期待するのが通常であり、仮に、施行の日前に成立した国際和解合意について条約実施法の規定が適用され、それに基づく民事執行をすることが可能とされた場合には、当事者が国際和解合意をした際に必ずしも予期していなかった効果が生ずることとなり、混乱を招くおそれがあると考えられたためである。

　なお、条約実施法の規定は、国際和解合意の当事者が、シンガポール条約又はシンガポール条約の実施に関する法令に基づき民事執行をすることができる旨の合意（民事執行の合意）をした場合について適用することとされているが（条約実施法第3条）、条約実施法上、民事執行の合意の時期等について特段の規定は設けられていないことを踏まえると、当事者間において、条約実施法の施行の日（令和6年4月1日）より前に民事執行の合意がされた場合であっても、施行の日以後に国際和解合意が成立したときは、条約実施法の規定が適用され、執行決定を求める申立てをすることが可能となる。

Q94　ADR 法改正法における特定和解の執行決定に関する経過措置は、どのようなものか。

A　特定和解の執行決定について定める新 ADR 法第 27 条の 2 の規定は、ADR 法改正法の施行の日（令和 6 年 4 月 1 日）以後に成立する特定和解について適用することとされている（ADR 法改正法附則第 2 条）。

　一般的に、当事者は、その行為の時点における規律が適用されるものと予測・期待するのが通常であり、仮に、施行の日前に成立した特定和解について新 ADR 法の規定が適用され、それに基づく民事執行をすることが可能とされた場合には、当事者が特定和解をした際に必ずしも予期していなかった効果が生ずることとなり、混乱を招くおそれがあると考えられたためである。

　なお、新 ADR 法においては、認証紛争解決手続において、紛争に関する和解が成立し、当該和解に基づいて民事執行をすることができる旨の合意（民事執行の合意）がされることが求められている（新 ADR 法第 2 条第 5 号。Q77 の 1）ことから、ADR 法改正法の施行の日（令和 6 年 4 月 1 日）より前に認証紛争解決手続において成立した和解については、施行の日以後に民事執行の合意をしたとしても、新 ADR 法第 27 条の 2 の規定は適用されず、当該和解に基づく民事執行が可能となるものではない。

　他方、ADR 法改正法の施行の日（令和 6 年 4 月 1 日）より前に認証紛争解決手続が開始された場合であっても、紛争に関する和解の成立が施行の日以後であれば、当該和解の成立の際に併せて民事執行の合意をすることにより、新 ADR 法第 27 条の 2 の規定に基づき、執行決定を求める申立てをすることが可能となる。

Q95 仲裁法改正法、条約実施法及び ADR 法改正法による民事訴訟費用等に関する法律の整備の概要は、どのようなものか。

A

1　仲裁法改正法附則第 5 条による改正

　仲裁法改正法により暫定保全措置命令の執行等認可決定を求める申立て（新仲裁法第 47 条第 1 項）及び違反金支払命令を求める申立て（新仲裁法第 49 条第 1 項）が新設されたことに伴い、民事訴訟費用等に関する法律（昭和 46 年法律第 40 号。以下「費用法」という。）の別表第一における規定が整備され、これらの申立てをする者が納付すべき手数料の額が定められている。

　まず、暫定保全措置命令の執行等認可決定を求める申立て及び違反金支払命令を求める申立ての手数料については、いずれも仲裁判断の執行決定を求める申立ての手数料と同様、4000 円とされている（費用法別表第一の 8 の 2 の項）(注)。

　また、違反金支払命令の取消しを求める申立て（新仲裁法第 49 条第 7 項）の手数料については、民事保全法の規定による保全取消しの申立ての手数料等と同様、500 円とされている（費用法別表第一の 17 の項ホ）。

2　条約実施法附則第 4 条による改正

　条約実施法の制定により国際和解合意の執行決定を求める申立て（条約実施法第 5 条第 1 項）が新設されたことに伴い、費用法の別表第一における規定が整備され、この申立てをする者が納付すべき手数料の額は、4000 円とされている（費用法別表第一の 8 の 2 の項）。

3　ADR 法改正法附則第 4 条による改正

　ADR 法改正法により特定和解の執行決定を求める申立て（新 ADR 法第 27 条の 2 第 1 項）が新設されたことに伴い、費用法の別表第一における規定が整備され、この申立てをする者が納付すべき手数料の額は、4000 円とされている（費用法別表第一の 8 の 2 の項）。

（注）　新仲裁法第 49 条第 2 項前段の規定によれば、裁判所は、禁止型の暫定保全措置

命令の執行等認可決定とこれについての違反金支払命令とを同時にすることができることとされているが（Q33）、この場合であっても、執行等認可決定を求める申立てと違反金支払命令を求める申立てとは別個のものであるから、各申立てにつき、4000円の手数料を納付すべきこととなる。

Q96 仲裁法改正法、条約実施法及び ADR 法改正法による民事執行法の整備の概要は、どのようなものか。

A

1 民事執行法第22条の改正関係

予防・回復型の暫定保全措置命令（新仲裁法第24条第1項第3号）については、新仲裁法第48条の規定により、確定した執行等認可決定がある場合には執行力を有することとなり、これに基づく民事執行をすることができる。そこで、仲裁法改正法附則第6条により、民事執行法第22条に第6号の3が追加され、確定した執行等認可決定のある新仲裁法第48条に規定する暫定保全措置命令が民事執行法上の債務名義となる旨が規定されている[注]。

また、条約実施法上の国際和解合意及び新 ADR 法上の特定和解については、確定した執行決定がある場合には執行力を有することになり、これに基づく民事執行をすることができることとなる。そこで、条約実施法附則第5条により民事執行法第22条に第6号の4が、ADR 法改正法附則第5条により民事執行法第22条に第6号の5がそれぞれ追加され、確定した執行決定のある国際和解合意及び確定した執行決定のある特定和解が民事執行法上の債務名義となる旨が規定されている。

2 民事執行法第33条第2項第1号の改正関係

前記1のとおり、確定した執行等認可決定のある新仲裁法第48条に規定する暫定保全措置命令、確定した執行決定のある国際和解合意及び確定した執行決定のある特定和解が債務名義になるものとされたことに伴い、これらの債務名義に関する執行文付与の訴えを提起する場合に、その訴えを管轄する裁判所についての規定が整備されている。

具体的には、確定した執行等認可決定のある新仲裁法第48条に規定する暫定保全措置命令を債務名義とする執行文付与の訴えは執行等認可決定をした裁判所が、確定した執行決定のある国際和解合意又は確定した執行決定のある特定和解を債務名義とする執行文付与の訴えは執行決定をした裁判所が、それぞれ、民事執行法第33条第2項第1号の「第一審裁判所」として、その訴えを管轄することとなる。

　（注）　違反金支払命令は、抗告によらなければ不服を申し立てることができず（新仲裁法第49条第8項の準用する第44条第7項）、確定しなければその効力を生じない（新仲裁法第49条第5項）ため、確定した違反金支払命令は、民事執行法第22条第3号の債務名義となる。

Q97　民整法により、新仲裁法についてどのような改正がされているか。

A　民整法により、主に仲裁関係事件手続のデジタル化を可能とする等の改正がされているが、その概要は、次のとおりである[注]。なお、民整法による改正後の仲裁法を「改正後仲裁法」という（仲裁法の新旧対照条文については資料3を参照されたい。）。

1　改正後仲裁法第9条から第11条まで

仲裁法では、仲裁関係事件手続に係る事件記録の閲覧等に関する規定として第9条のみが設けられているが、改正後仲裁法では、非電磁的事件記録の閲覧等（改正後仲裁法第9条）、電磁的事件記録の閲覧等（改正後仲裁法第10条）及び事件に関する事項の証明（改正後仲裁法第11条）の規定が設けられている。

なお、改正後仲裁法第10条及び第11条の規定が新設されることに伴い、仲裁法第10条以下の規定が2条ずつ繰り下げられている。

2　改正後仲裁法第12条

仲裁関係事件手続についても、民事訴訟手続と同様にデジタル化を可能とするため、改正後仲裁法第12条では、デジタル化に関する規定を含めて民事訴訟法の規定を包括的に準用することとされ、併せて必要な読替規定が設けられている。

3　改正後仲裁法第37条

仲裁法第35条第1項では、仲裁廷又は当事者が、裁判所に対し、民事訴訟法の規定による一定の証拠調べの実施を求める申立てをすることができるとされているところ、令和4年の民事訴訟法の改正により、電磁的記録に記録された情報の内容に係る証拠調べの規定（民事訴訟法第231条の2第1項）が新設されたことを踏まえ、改正後仲裁法第37条第1項では、裁判所に対して実施を求める申立てをすることができる証拠調べとして、電磁的記録に記録された情報の内容に係る証拠調べが追加されている。

　なお、電磁的記録に記録された情報の内容に係る証拠調べの実施を求める申立てに係る事件は、電磁的記録を利用する権限を有する者の住所又は居所の所在地を管轄する地方裁判所の管轄に専属するものとされている（改正後仲裁法第37条第3項第2号）。

4　改正後仲裁法第48条

　新仲裁法第46条第2項では、仲裁判断の執行決定を求める申立てをするときは、原則として、仲裁判断書の写し、当該写しの内容が仲裁判断書と同一であることを証明する文書及び仲裁判断書（日本語で作成されたものを除く。）の日本語による翻訳文を提出しなければならないものとされている。

　仲裁関係事件手続がデジタル化されることに伴い、改正後仲裁法第48条第2項では、これらの文書に相当する電磁的記録の提出を認めることとされている。

5　改正後仲裁法第49条

　新仲裁法第47条第2項では、暫定保全措置命令の執行等認可決定を求める申立てをするときは、原則として、暫定保全措置命令の命令書の写し、当該写しの内容が暫定保全措置命令の命令書と同一であることを証明する文書及び暫定保全措置命令の命令書（日本語で作成されたものを除く。）の日本語による翻訳文を提出しなければならないものとされている。

　仲裁関係事件手続がデジタル化されることに伴い、改正後仲裁法第49条第2項では、これらの文書に相当する電磁的記録の提出を認めることとされている。

　（注）　民整法は、原則として、公布の日（令和5年6月14日）から5年以内の政令で定める日に施行することとされている。

Q98　民整法により、条約実施法についてどのような改正がされているか。

A　民整法により、国際和解合意の執行決定の手続のデジタル化を可能とする改正がされているが、その概要は、次のとおりである(注)。なお、民整法による改正後の条約実施法を「改正後条約実施法」という（条約実施法の新旧対照条文については資料4を参照されたい。）。

1　改正後条約実施法第5条

執行決定を求める申立てをするときは、当事者が作成した国際和解合意の内容が記載された書面及び国際和解合意が調停において成立したものであることを証明する書面を提出しなければならないものとされている（条約実施法第5条第2項）。

条約実施法では、これに記載すべき事項を記録した電磁的記録に係る記録媒体の提出をもって、前記各書面の提出に代えることができることとされている（条約実施法第5条第3項）が、改正後条約実施法では、記録媒体を提出する方法に限定せずに、当該電磁的記録の提出を認めることとされている（改正後条約実施法第5条第3項）。

また、条約実施法では、原則として、前記各書面又は前記記録媒体に係る電磁的記録（日本語で作成された場合を除く。）の日本語による翻訳文を提出しなければならないものとされている（条約実施法第5条第4項）が、改正後条約実施法では、これらの翻訳文に相当する電磁的記録の提出を認めることとされている（改正後条約実施法第5条第4項）。

2　改正後条約実施法第7条から第9条まで

条約実施法では、執行決定の手続における事件記録の閲覧等に関する規定として第7条のみが設けられているが、改正後条約実施法では、非電磁的事件記録の閲覧等（改正後条約実施法第7条）、電磁的事件記録の閲覧等（改正後条約実施法第8条）及び事件に関する事項の証明（改正後条約実施法第9条）の規定が設けられている。

3　改正後条約実施法第 10 条

　条約実施法第 12 条では、執行決定の手続に関して民事訴訟法の規定が包括的に準用されているが、民事訴訟手続のデジタル化が先行して実施されることから、同法の規定のうちデジタル化に関するものの準用が除外されるとともに、執行決定の手続に関する特別の定めとして、期日の呼出し（条約実施法第 8 条）、公示送達の方法（条約実施法第 9 条）、電子情報処理組織による申立て等（条約実施法第 10 条）及び裁判書（条約実施法第 11 条）の規定が設けられている。

　執行決定の手続についても、民事訴訟手続と同様にデジタル化を可能とするため、改正後条約実施法第 10 条では、デジタル化に関する規定を含めて民事訴訟法の規定を包括的に準用することとされ、併せて必要な読替規定が設けられている。

　なお、改正後条約実施法では、前記改正に伴い不要となった条約実施法第 8 条から第 11 条までの規定が削られる一方、前記 2 の改正により第 8 条及び第 9 条の規定が設けられたことに伴い、条約実施法第 12 条（民事訴訟法の準用）及び第 13 条（最高裁判所規則）の規定が 2 条ずつ繰り上げられている。

　（注）　民整法は、原則として、公布の日（令和 5 年 6 月 14 日）から 5 年以内の政令で定める日に施行することとされている。

Q99　民整法により、新ADR法についてどのような改正がされているか。

A　民整法により、特定和解の執行決定の手続のデジタル化を可能とする改正がされているが、その概要は、次のとおりである(注)。なお、民整法による改正後のADR法を「改正後ADR法」という（ADR法の新旧対照条文については資料5を参照されたい。）。

1　改正後ADR法第28条

執行決定を求める申立てをするときは、当事者が作成した特定和解の内容が記載された書面及び特定和解が認証紛争解決手続において成立したものであることを証明する書面を提出しなければならないものとされている（新ADR法第27条の2第2項）。

新ADR法では、これに記載すべき事項を記録した電磁的記録に係る記録媒体の提出をもって、前記各書面の提出に代えることができる（新ADR法第27条の2第3項）が、改正後ADR法では、記録媒体を提出する方法に限定せずに、当該電磁的記録の提出を認めることとされている（改正後ADR法第28条第3項）。

また、改正後ADR法では、条番号について枝番号を用いないものと整理されたことに伴い、新ADR法第27条の2は改正後ADR法第28条とされている。

2　改正後ADR法第31条から第33条まで

新ADR法では、執行決定の手続における事件記録の閲覧等に関する規定として第27条の5のみが設けられているが、改正後ADR法では、非電磁的事件記録の閲覧等（改正後ADR法第31条）、電磁的事件記録の閲覧等（改正後ADR法第32条）及び事件に関する事項の証明（改正後ADR法第33条）の規定が設けられている。

3　改正後ADR法第34条

新ADR法第27条の10では、執行決定の手続に関して民事訴訟法の規定

が包括的に準用されているが、民事訴訟手続のデジタル化が先行して実施されることから、同法の規定のうちデジタル化に関するものの準用が除外されるとともに、執行決定の手続に関する特別の定めとして、期日の呼出し（新ADR法第27条の6）、公示送達の方法（新ADR法第27条の7）、電子情報処理組織による申立て等（新ADR法第27条の8）及び裁判書（新ADR法第27条の9）の規定が設けられている。

　執行決定の手続についても、民事訴訟手続と同様にデジタル化を可能とするため、改正後ADR法第34条では、デジタル化に関する規定を含めて民事訴訟法の規定を包括的に準用することとされ、併せて必要な読替規定が設けられている。

　なお、改正後ADR法では、前記改正に伴い不要となった新ADR法第27条の5から第27条の9までの規定が削られる一方、前記2の改正により事件記録の閲覧等について第31条から第33条までの規定が設けられるとともに、条番号について枝番号を用いないものと整理されたことに伴い、新ADR法第27条の10は改正後ADR法第34条と、新ADR法第27条の11は改正後ADR法第35条とされ、ADR法第28条以下の規定は8条ずつ繰り下げられている。

　（注）　民整法は、原則として、公布の日（令和5年6月14日）から5年以内の政令で定める日に施行することとされている。

第 2 編

資　料

資料1　**仲裁法の改正に関する要綱**

仲裁法の改正に関する要綱

第1　暫定保全措置に関する規律
　1　暫定保全措置の定義（類型）及び発令要件
　(1)　仲裁廷は、当事者間に別段の合意がない限り、仲裁判断があるまでの間、その一方の申立てにより、他方の当事者に対し、次に掲げる措置を講ずることを命ずることができるものとする。
　　　ア　金銭の支払を目的とする債権について、強制執行をすることができなくなるおそれがあるとき、又は強制執行をするのに著しい困難を生ずるおそれがあるときに、当該金銭の支払をするために必要な財産の処分その他の変更を禁止すること。
　　　イ　財産上の給付（金銭の支払を除く。）を求める権利について、当該権利を実行することができなくなるおそれがあるとき、又は当該権利を実行するのに著しい困難を生ずるおそれがあるときに、当該給付の目的である財産の処分その他の変更を禁止すること。
　　　ウ　紛争の対象となる物又は権利関係について、申立てをした当事者に生ずる著しい損害又は急迫の危険を避けるため、当該損害若しくは当該危険の発生を防止し、若しくはその防止に必要な措置をとり、又は変更が生じた当該物若しくは権利関係について変更前の原状の回復をすること。
　　　エ　仲裁手続における審理を妨げる行為を禁止すること（オに掲げるものを除く。）。
　　　オ　仲裁手続の審理のために必要な証拠について、その廃棄、消去又は改変その他の行為を禁止すること。
　(2)　(1)の申立て（(1)オに係るものを除く。）をするときは、保全すべき権利又は権利関係及びその申立ての原因となる事実を疎明しなければならないものとする。

　2　暫定保全措置命令の担保
　　　仲裁法第24条第2項の規律を次のように改めるものとする。
　　　仲裁廷は、1(1)に掲げる措置を講ずることを命ずる命令（以下「暫定保全措置命令」という。）を発するに際し、必要があると認めるときは、相当な担保を提供すべきことを命ずることができる。

3　暫定保全措置命令の取消し等及び事情変更の開示命令

　⑴　保全すべき権利若しくは権利関係又は1⑴の申立ての原因を欠くことが判明し、又はこれを欠くに至ったときその他の事情の変更があったときは、仲裁廷は、申立てにより、暫定保全措置命令を取り消し、変更し、又はその効力を停止することができるものとする。

　⑵　⑴の規定によるほか、仲裁廷は、特別の事情があると認めるときは、当事者にあらかじめ通知した上で、職権で、暫定保全措置命令を取り消し、変更し、又はその効力を停止することができるものとする。

　⑶　仲裁廷は、⑴の事情の変更があったと思料するときは、当事者に対し、速やかに当該事情の変更の有無及び当該事情の変更があったときはその内容を開示することを命ずることができるものとする。

　⑷　暫定保全措置命令の申立てをした者が⑶の規定による命令に従わないときは、⑴の規定の適用については、⑴の事情の変更があったものとみなすものとする。

4　暫定保全措置命令に係る損害賠償命令

　⑴　仲裁廷は、3⑴又は⑵の規定により暫定保全措置命令を取り消し、変更し、又はその効力を停止した場合において、暫定保全措置命令の申立てをした者の責めに帰すべき事由により暫定保全措置命令を発したと認めるときは、暫定保全措置命令を受けた者の申立てにより、暫定保全措置命令の申立てをした者に対し、これにより暫定保全措置命令を受けた者が受けた損害の賠償を命ずることができるものとする。ただし、当事者間に別段の合意がある場合は、この限りでないものとする。

　⑵　⑴の規定による命令は、仲裁判断としての効力を有するものとする。

5　暫定保全措置命令の執行

　⑴　暫定保全措置命令の執行等認可決定

　　ア　暫定保全措置命令（仲裁地が日本国内にあるかどうかを問わない。以下5において同じ。）の申立てをした者は、当該暫定保全措置命令を受けた者を被申立人として、裁判所に対し、次に掲げる区分に応じ、次に定める決定（以下「執行等認可決定」という。）を求める申立てをすることができるものとする。

　　　①　暫定保全措置命令のうち1⑴ウに掲げる措置を講ずることを命ずるもの　暫定保全措置命令に基づく民事執行を許す旨の決定

　　　②　暫定保全措置命令のうち1⑴ア、イ、エ又はオに掲げる措置を講ずる

　　　ことを命ずるもの　暫定保全措置命令に違反し、又は違反するおそれが
　　　あるときに⑶の規定による金銭の支払命令を発することを許す旨の決定
　イ　アの申立てをするときは、暫定保全措置命令の命令書の写し、当該写し
　　の内容が暫定保全措置命令の命令書と同一であることを証明する文書及び
　　暫定保全措置命令の命令書（日本語で作成されたものを除く。以下イにお
　　いて同じ。）の日本語による翻訳文を提出しなければならないものとす
　　る。ただし、裁判所は、相当と認めるときは、被申立人の意見を聴いて、
　　暫定保全措置命令の命令書の全部又は一部について日本語による翻訳文を
　　提出することを要しないものとすることができるものとする。
　ウ　アの申立てを受けた裁判所は、仲裁廷又は裁判機関（仲裁地が属する国
　　の法令（当該暫定保全措置命令に適用された法令が仲裁地が属する国以外
　　の国の法令である場合にあっては、当該法令）により当該国の裁判機関が
　　その権限を有する場合に限る。）に対して暫定保全措置命令の取消し、変
　　更又はその効力の停止を求める申立てがあったことを知った場合におい
　　て、必要があると認めるときは、アの申立てに係る手続を中止することが
　　できるものとする。この場合において、裁判所は、アの申立てをした者の
　　申立てにより、被申立人に対し、担保を立てるべきことを命ずることがで
　　きるものとする。
　エ　アの申立てに係る事件は、次に掲げる裁判所の管轄に専属するものとす
　　る。
　　①　仲裁法第5条第1項各号に掲げる裁判所
　　②　請求の目的又は差し押さえることができる被申立人の財産の所在地を
　　　管轄する地方裁判所
　　③　東京地方裁判所及び大阪地方裁判所（仲裁地、被申立人の普通裁判籍
　　　の所在地又は請求の目的若しくは差し押さえることができる被申立人の
　　　財産の所在地が日本国内にある場合に限る。）
　オ　アの申立てに係る事件についての移送の裁判に対しては、即時抗告をす
　　ることができるものとする。
　カ　裁判所は、キ又はクの規定によりアの申立てを却下する場合を除き、執
　　行等認可決定をしなければならないものとする。
　キ　裁判所は、アの申立てがあった場合において、次に掲げる事由のいずれ
　　かがあると認める場合（①から⑧までに掲げる事由にあっては、被申立人
　　が当該事由の存在を証明した場合に限る。）に限り、当該申立てを却下す
　　ることができるものとする。
　　①　仲裁合意が、当事者の行為能力の制限により、その効力を有しないこ

と。
② 　仲裁合意が、当事者が合意により仲裁合意に適用すべきものとして指定した法令（当該指定がないときは、仲裁地が属する国の法令）によれば、当事者の行為能力の制限以外の事由により、その効力を有しないこと。
③ 　当事者が、仲裁人の選任手続又は仲裁手続（暫定保全措置命令に関する部分に限る。④及び⑥において同じ。）において、仲裁地が属する国の法令の規定（その法令の公の秩序に関しない規定に関する事項について当事者間に合意があるときは、当該合意）により必要とされる通知を受けなかったこと。
④ 　当事者が、仲裁手続において防御することが不可能であったこと。
⑤ 　暫定保全措置命令が、仲裁合意若しくは暫定保全措置命令に関する別段の合意又は暫定保全措置命令の申立ての範囲を超える事項について発せられたものであること。
⑥ 　仲裁廷の構成又は仲裁手続が、仲裁地が属する国の法令の規定（その法令の公の秩序に関しない規定に関する事項について当事者間に合意があるときは、当該合意）に違反するものであったこと。
⑦ 　仲裁廷が暫定保全措置命令の申立てをした者に対して相当な担保を提供すべきことを命じた場合において、その者が当該命令に違反し、相当の担保を提供していないこと。
⑧ 　暫定保全措置命令が、仲裁廷又はウに規定する裁判機関により、取り消され、変更され、又はその効力を停止されたこと。
⑨ 　仲裁手続における申立てが、日本の法令によれば、仲裁合意の対象とすることができない紛争に関するものであること。
⑩ 　暫定保全措置命令の内容が、日本における公の秩序又は善良の風俗に反すること。
ク　キ⑤に掲げる事由がある場合において、当該暫定保全措置命令からキ⑤に規定する事項に関する部分を区分することができるときは、当該部分及び当該暫定保全措置命令のその他の部分をそれぞれ独立した暫定保全措置命令とみなして、キの規定を適用するものとする。
ケ　執行等認可決定は、確定しなければその効力を生じないものとする。
コ　裁判所は、口頭弁論又は当事者双方が立ち会うことができる審尋の期日を経なければ、アの申立てについての決定をすることができないものとする。
サ　アの申立てについての決定に対しては、即時抗告をすることができるも

のとする。
 (2)　暫定保全措置命令に基づく民事執行
　　　暫定保全措置命令（1⑴ウに掲げる措置を講ずることを命ずるものに限る。）は、⑴の規定による執行等認可決定がある場合に限り、当該暫定保全措置命令に基づく民事執行をすることができるものとする。
 (3)　暫定保全措置命令に係る違反金支払命令
　　ア　裁判所は、暫定保全措置命令（1⑴ア、イ、エ又はオに掲げる措置を講ずることを命ずるものに限る。）について確定した執行等認可決定がある場合において、当該暫定保全措置命令を受けた者（以下⑶において「被申立人」という。）がこれに違反し、又は違反するおそれがあると認めるときは、当該暫定保全措置命令の申立てをした者の申立てにより、当該暫定保全措置命令の違反によって害されることとなる利益の内容及び性質並びにこれが害される態様及び程度を勘案して相当と認める一定の額の金銭の支払（被申立人が暫定保全措置命令に違反するおそれがあると認める場合にあっては、被申立人が当該暫定保全措置命令に違反したことを条件とする金銭の支払）を命ずることができるものとする。
　　イ　裁判所は、アの規定にかかわらず、アの規定による金銭の支払命令（以下「違反金支払命令」という。）を、執行等認可決定と同時にすることができるものとする。この場合においては、違反金支払命令は、執行等認可決定が確定するまでは、確定しないものとする。
　　ウ　アの申立てに係る事件は、執行等認可決定をした裁判所及び⑴ア②の申立てに係る事件が係属する裁判所の管轄に専属するものとする。
　　エ　裁判所は、イの規定に基づき、違反金支払命令を執行等認可決定と同時にした場合において、執行等認可決定を取り消す裁判が確定したとき又は⑴ア②の申立てが取り下げられたときは、職権で、違反金支払命令を取り消さなければならないものとする。
　　オ　違反金支払命令は、確定しなければその効力を生じないものとする。
　　カ　違反金支払命令により命じられた金銭の支払があった場合において、暫定保全措置命令の違反により生じた損害の額が支払額を超えるときは、暫定保全措置命令の申立てをした者は、その超える額について損害賠償の請求をすることを妨げられないものとする。
　　キ　違反金支払命令が発せられた後に、仲裁廷又は⑴ウに規定する裁判機関により、暫定保全措置命令が取り消され、変更され、又はその効力を停止されたときは、裁判所は、被申立人の申立てにより、違反金支払命令を取り消すことができるものとする。

　ク　(1)ウ、コ及びサの規定は、アの申立て又はアの申立てについての決定について、それぞれ準用するものとする。

第2　仲裁合意の書面性に関する規律
　　仲裁法第13条に、次のような規律を設けるものとする。
　　書面によらないでされた契約において、仲裁合意を内容とする条項が記載され、又は記録された文書又は電磁的記録が当該契約の一部を構成するものとして引用されているときは、その仲裁合意は、書面によってされたものとみなす。

第3　仲裁関係事件手続に関する規律
　1　仲裁関係事件手続における管轄
　　仲裁法第5条に、次のような規律を設けるものとする（注）。
　　同条第1項の規定にかかわらず、仲裁地が日本国内にあるときは、この法律の規定により裁判所が行う手続に係る申立ては、東京地方裁判所及び大阪地方裁判所にもすることができる。
　（注）　仲裁地が定まっていない場合における裁判所の関与（同法第8条）及び裁判所により実施する証拠調べ（同法第35条）について、同様の規律を設けるものとする。また、仲裁判断の執行決定（同法第46条）については、本文第1、5(1)エと同様、仲裁地、被申立人の普通裁判籍の所在地又は請求の目的若しくは差し押さえることができる被申立人の財産の所在地が日本国内にある場合に限り、東京地方裁判所及び大阪地方裁判所にも申立てをすることができるものとする。

　2　仲裁関係事件手続における移送
　　仲裁法第5条に、次のような規律を設けるものとする（注）。
　　裁判所は、同条第2項の規定により管轄する事件について、相当と認めるときは、申立てにより又は職権で、当該事件の全部又は一部を同項の規定により管轄権を有しないこととされた裁判所に移送することができる。
　（注）　同法第44条第3項及び第46条第5項の規定は削除するものとする。

　3　仲裁関係事件手続における外国語資料の訳文添付の省略
　（1）　仲裁判断の執行決定の申立てにおける仲裁判断書の日本語による翻訳文の提出の省略
　　仲裁法第46条第2項を次のように改めるものとする。
　　同条第1項の申立てをするときは、仲裁判断書の写し、当該写しの内容が仲裁判断書と同一であることを証明する文書及び仲裁判断書（日本語で作成

されたものを除く。以下(1)において同じ。）の日本語による翻訳文を提出し
なければならない。ただし、裁判所は、相当と認めるときは、被申立人の意
見を聴いて、仲裁判断書の全部又は一部について日本語による翻訳文を提出
することを要しないものとすることができる。

(2)　外国語で作成された書証の翻訳文の添付の省略

　　裁判所は、外国語で作成された文書を提出して書証の申出がされた場合に
おいて、相当と認めるときは、当事者の意見を聴いて、その文書の翻訳文を
添付することを要しないものとすることができるものとする。

資料2　**調停による和解合意に執行力を付与し得る制度の創設等に関する要綱**

調停による和解合意に執行力を付与し得る制度の創設等に関する要綱

第1　新法の制定による整備
1　定義
(1)　この法律において、「調停」とは、その名称や開始の原因となる事実の如何にかかわらず、一定の法律関係（契約に基づくものであるかどうかを問わない。）に関する民事又は商事の紛争の解決をしようとする紛争の当事者のため、当事者に対して紛争の解決を強制する権限を有しない第三者が和解の仲介を実施し、その解決を図る手続をいうものとする。
(2)　この法律において、「調停人」とは、調停において和解の仲介を実施する者をいうものとする。

2　適用範囲
(1)　この法律の規定は、調停において当事者間に成立した合意であって、合意が成立した当時において次に掲げる事由のいずれかに該当するもの（以下「国際和解合意」（仮称）という。）について適用するものとする。
　ア　当事者の全部又は一部が互いに異なる国に住所又は事務所若しくは営業所（当事者が二以上の事務所又は営業所を有する場合にあっては、合意が成立した当時において、当事者が知っていたか、又は予見することのできた事情に照らして、合意によって解決された紛争と最も密接な関係がある事務所又は営業所。イにおいて同じ。）を有するとき。
　イ　当事者の全部又は一部が住所又は事務所若しくは営業所を有する国が、合意に基づく債務の重要な部分の履行地又は合意の対象である事項と最も密接な関係がある地が属する国と異なるとき。
　ウ　当事者の全部又は一部が日本国外に住所又は主たる事務所若しくは営業所を有するとき（当事者の全部又は一部の発行済株式（議決権のあるものに限る。）又は出資の総数又は総額の百分の五十を超える数又は額の株式（議決権のあるものに限る。）又は持分を有する者その他これと同等のものとして別途定める者が日本国外に住所又は主たる事務所若しくは営業所を有するときを含む。）。
(2)　この法律の規定は、国際和解合意の当事者が、調停による国際的な和解合意に関する国際連合条約（仮訳）（以下「条約」という。）又は条約の実施に関する法令に基づき民事執行をすることができる旨の合意をした場合につい

て適用するものとする。

3　適用除外

　この法律の規定は、次に掲げる国際和解合意については、適用しないものとする。

(1)　民事上の契約又は取引のうち、その当事者の全部又は一部が消費者（消費者契約法（平成12年法律第61号）第2条第1項に規定する消費者をいう。）であるものに関する紛争に係る国際和解合意

(2)　個別労働関係紛争（個別労働関係紛争の解決の促進に関する法律（平成13年法律第112号）第1条に規定する個別労働関係紛争をいう。）に係る国際和解合意

(3)　人事に関する紛争その他家庭に関する紛争に係る国際和解合意

(4)　日本若しくは外国の裁判所の認可を受け又は日本若しくは外国の裁判所の手続において成立した国際和解合意であって、その裁判所が属する国でこれに基づく強制執行をすることができるもの。

(5)　仲裁判断としての効力を有する国際和解合意であって、これに基づく強制執行をすることができるもの。

4　国際和解合意の執行決定

(1)　国際和解合意に基づいて民事執行をしようとする当事者（(5)において「申立人」という。）は、債務者を被申立人として、裁判所に対し、執行決定（国際和解合意に基づく民事執行を許す旨の決定をいう。以下同じ。）を求める申立てをしなければならないものとする。

(2)　(1)の申立てをするときは、次に掲げる書面を提出しなければならないものとする。

　ア　国際和解合意の内容が記載された書面であって、当事者の署名があるもの等当事者の同一性及び意思を確認することができるもの

　イ　調停人又は調停機関が作成した調停が実施されたことを証明する書面その他の国際和解合意が調停において成立したものであることを証明する書面

(3)　(2)の書面については、これに記載すべき事項を記録した電磁的記録（電子的方式、磁気的方式その他人の知覚によっては認識することができない方式で作られる記録であって、電子計算機による情報処理の用に供されるものをいう。以下同じ。）に係る記録媒体の提出をもって、当該書面の提出に代えることができるものとする。

⑷　⑴の申立てをするときは、⑵の書面又は⑶の電磁的記録を出力した書面（日本語で作成されたものを除く。以下⑷において同じ。）の日本語による翻訳文を提出しなければならないものとする。ただし、裁判所は、相当と認めるときは、被申立人の意見を聴いて、当該書面又は当該電磁的記録の全部又は一部について日本語による翻訳文の提出を要しないものとすることができるものとする。

⑸　⑴の申立てを受けた裁判所は、他の裁判機関又は仲裁廷に対して当該国際和解合意に関する他の申立てがあった場合において、必要があると認めるときは、⑴の申立てに係る手続を中止することができるものとする。この場合において、裁判所は、申立人の申立てにより、被申立人に対し、担保を立てるべきことを命ずることができるものとする。

⑹　⑴の申立てに係る事件は、次に掲げる裁判所の管轄に専属するものとする。
　ア　当事者が合意により定めた地方裁判所
　イ　当該事件の被申立人の普通裁判籍の所在地を管轄する地方裁判所
　ウ　請求の目的又は差し押さえることができる被申立人の財産の所在地を管轄する地方裁判所
　エ　東京地方裁判所及び大阪地方裁判所（被申立人の普通裁判籍の所在地又は請求の目的若しくは差し押さえることができる被申立人の財産の所在地が日本国内にある場合に限る。）

⑺　⑹により二以上の裁判所が管轄権を有するときは、先に申立てがあった裁判所が管轄するものとする。

⑻　裁判所は、⑴の申立てに係る事件の全部又は一部がその管轄に属しないと認めるときは、申立てにより又は職権で、これを管轄裁判所に移送しなければならないものとする。

⑼　裁判所は、⑺により管轄する事件について、相当と認めるときは、申立てにより又は職権で、当該事件の全部又は一部を⑺により管轄権を有しないこととされた裁判所に移送することができるものとする。

⑽　⑻及び⑼による決定に対しては、即時抗告をすることができるものとする。

⑾　裁判所は、後記5により⑴の申立てを却下する場合を除き、執行決定をしなければならないものとする。

⑿　裁判所は、口頭弁論又は当事者双方が立ち会うことができる審尋の期日を経なければ、⑴の申立てについての決定をすることができないものとする。

⒀　⑴の申立てについての決定に対しては、即時抗告をすることができるものとする。

5 国際和解合意の執行拒否事由

　裁判所は、前記4(1)の申立てがあった場合において、次に掲げる事由のいずれかがあると認める場合（(1)から(6)までに掲げる事由にあっては、被申立人が当該事由の存在を証明した場合に限る。）に限り、当該申立てを却下することができるものとする。

(1) 国際和解合意が、当事者の行為能力の制限により、その効力を有しないこと。

(2) 国際和解合意が、当事者が合意により国際和解合意に適用すべきものとして有効に指定した法令（当該指定がないときは、裁判所が国際和解合意について適用すべきものと判断する法令）によれば、当事者の行為能力の制限以外の無効、取消しその他の事由により効力を有しないこと。

(3) 国際和解合意に基づく債務の内容を特定することができないこと。

(4) 国際和解合意に基づく債務の全部が履行その他の事由により消滅したこと。

(5) 調停人が、法令又は当事者間の合意（公の秩序に関しないものに限る。）その他調停人又は調停手続に適用される準則に違反した場合であって、その違反する事実が重大であり、かつ、当該国際和解合意の成立に影響を及ぼすものであること。

(6) 調停人が、当事者に対し、自己の公正性又は独立性に疑いを生じさせるおそれのある事実を開示しなかった場合であって、当該事実が重大であり、かつ、当該国際和解合意の成立に影響を及ぼすものであること。

(7) 国際和解合意の対象である事項が、日本の法令によれば、和解の対象とすることができない紛争に関するものであること。

(8) 国際和解合意に基づく民事執行が、日本における公の秩序又は善良の風俗に反すること。

6 その他

　その他所要の規定を整備するものとする。

第2 裁判外紛争解決手続の利用の促進に関する法律の改正による整備

1 定義

　裁判外紛争解決手続の利用の促進に関する法律第2条に、次のような規律を設けるものとする。

　特定和解（仮称）　認証紛争解決手続において紛争の当事者間に成立した和解であって、当該和解に基づいて民事執行をすることができる旨の合意がされたものをいうものとする。

2　適用除外
　　後記3は、次に掲げる特定和解については、適用しないものとする。
⑴　消費者（消費者契約法（平成十二年法律第六十一号）第二条第一項に規定する消費者をいう。）と事業者（同条第二項に規定する事業者をいう。）との間で締結される契約に関する紛争に係る特定和解
⑵　個別労働関係紛争（個別労働関係紛争の解決の促進に関する法律（平成十三年法律第百十二号）第一条に規定する個別労働関係紛争をいう。）に係る特定和解
⑶　人事に関する紛争その他家庭に関する紛争に係る特定和解（民事執行法（昭和五十四年法律第四号）第百五十一条の二第一項各号に掲げる義務に係る金銭債権に係るものを除く。）
⑷　前記第1の新法の適用対象となる特定和解

3　特定和解の執行決定
⑴　特定和解に基づいて民事執行をしようとする当事者（⑷において「申立人」という。）は、債務者を被申立人として、裁判所に対し、執行決定（特定和解に基づく民事執行を許す旨の決定をいう。以下同じ。）を求める申立てをしなければならない。
⑵　⑴の申立てをするときは、次に掲げる書面を提出しなければならない。
　　ア　特定和解の内容（成立した和解の条項及び当該和解に基づいて民事執行をすることができる旨の合意をいう。）が記載された書面であって、当事者の署名があるもの等当事者の同一性及び意思を確認することができるもの
　　イ　認証紛争解決事業者が作成した認証紛争解決手続が実施されたことを証明する書面その他の特定和解が認証紛争解決手続において成立したものであることを証明する書面
⑶　⑵の書面については、これに記載すべき事項を記録した電磁的記録に係る記録媒体の提出をもって、当該書面の提出に代えることができるものとする。
⑷　⑴の申立てを受けた裁判所は、他の裁判所又は仲裁廷に対して当該特定和解に関する他の申立てがあった場合において、必要があると認めるときは、⑴の申立てに係る手続を中止することができるものとする。この場合において、裁判所は、申立人の申立てにより、被申立人に対し、担保を立てるべきことを命ずることができるものとする。
⑸　⑴の申立てに係る事件は、次に掲げる裁判所の管轄に専属するものとする。
　　ア　当事者が合意により定めた地方裁判所

　　イ　当該事件の被申立人の普通裁判籍の所在地を管轄する地方裁判所
　　ウ　請求の目的又は差し押さえることができる被申立人の財産の所在地を管
　　　轄する地方裁判所
⑹　⑸により二以上の裁判所が管轄権を有するときは、先に申立てがあった裁
　判所が管轄するものとする。
⑺　裁判所は、⑴の申立てに係る事件の全部又は一部がその管轄に属しないと
　認めるときは、申立てにより又は職権で、これを管轄裁判所に移送しなけれ
　ばならないものとする。
⑻　裁判所は、⑹により管轄する事件について、相当と認めるときは、申立て
　により又は職権で、当該事件の全部又は一部を⑹の規定により管轄権を有し
　ないこととされた裁判所に移送することができるものとする。
⑼　⑺及び⑻による決定に対しては、即時抗告をすることができるものとする。
⑽　裁判所は、後記4により⑴の申立てを却下する場合を除き、執行決定をし
　なければならないものとする。
⑾　裁判所は、口頭弁論又は当事者双方が立ち会うことができる審尋の期日を
　経なければ、⑴の申立てについての決定をすることができないものとする。
⑿　⑴の申立てについての決定に対しては、即時抗告をすることができるもの
　とする。

4　特定和解の執行拒否事由
　　裁判所は、前記3⑴の申立てがあった場合において、次に掲げる事由のいず
　れかがあると認める場合（⑴から⑸までに掲げる事由にあっては、被申立人が
　当該事由の存在を証明した場合に限る。）に限り、当該申立てを却下すること
　ができる。
⑴　特定和解が、無効、取消しその他の事由により効力を有しないこと。
⑵　特定和解に基づく債務の内容を特定することができないこと。
⑶　特定和解に基づく債務の全部が履行その他の事由により消滅したこと。
⑷　認証紛争解決事業者又は手続実施者がこの法律若しくはこの法律に基づく
　法務省令の規定又は認証紛争解決手続を実施する契約において定められた手
　続の準則（公の秩序に関しないものに限る。）に違反した場合であって、そ
　の違反する事実が重大であり、かつ、当該特定和解の成立に影響を及ぼすも
　のであること。
⑸　手続実施者が、当事者に対し、自己の公正性又は独立性に疑いを生じさせ
　るおそれのある事実を開示しなかった場合であって、当該事実が重大であ
　り、かつ、当該特定和解の成立に影響を及ぼすものであること。

⑹　特定和解の内容が、和解の対象とすることができない紛争に関するものであること。

⑺　特定和解に基づく民事執行が、公の秩序又は善良の風俗に反すること。

5　その他
　その他所要の規定を整備するものとする。

第3　民事調停事件の管轄に関する規律の見直し
　知的財産の紛争に関する調停事件は、民事調停法第3条に規定する裁判所のほか、同条の規定（管轄の合意に関する規定を除く。）により次の各号に掲げる裁判所が管轄権を有する場合には、それぞれ当該各号に定める裁判所の管轄とする。

1　東京高等裁判所、名古屋高等裁判所、仙台高等裁判所又は札幌高等裁判所の管轄区域内に所在する簡易裁判所
　東京地方裁判所

2　大阪高等裁判所、広島高等裁判所、福岡高等裁判所又は高松高等裁判所の管轄区域内に所在する簡易裁判所
　大阪地方裁判所

資料3　仲裁法（平成15年法律第138号）　新旧対照条文

仲裁法の一部を改正する法律（令和5年法律第15号）による改正前	仲裁法の一部を改正する法律（令和5年法律第15号）による改正後
	【令和6年4月1日施行】
（適用範囲） 第三条　（略） 2　第十四条第一項及び第十五条の規定は、仲裁地が日本国内にある場合、仲裁地が日本国外にある場合及び仲裁地が定まっていない場合に適用する。 3　（略）	（適用範囲） 第三条　（略） 2・3　（略）
（裁判所の管轄） 第五条　（略） （規定なし） 2・3　（略） （規定なし）	（裁判所の管轄） 第五条　（略） <u>2　前項の規定にかかわらず、仲裁地が日本国内にあるときは、この法律の規定により裁判所が行う手続に係る申立ては、東京地方裁判所及び大阪地方裁判所にもすることができる。</u> <u>3・4　（略）</u> <u>5　裁判所は、第三項の規定により管轄する事件について、相当と認めるときは、申立てにより又は職権で、当該事件の全部又は一部を同項の規定により管轄権を有しないこととされた裁判所に移送することができる。</u>
（仲裁地が定まっていない場合における裁判所の関与） 第八条　裁判所に対する次の各号に掲げる申立ては、仲裁地が定まっていない場合であって、仲裁地が日本国内となる可能	（仲裁地が定まっていない場合における裁判所の関与） 第八条　（略）

（下線部分は改正部分）

民事訴訟法等の一部を改正する法律（令和4年法律第48号）による改正後 【公布の日（令和4年5月25日）から起算して4年を超えない範囲内において政令で定める日に施行】	民事関係手続等における情報通信技術の活用等の推進を図るための関係法律の整備に関する法律（令和5年法律第53号）による改正後 【公布の日（令和5年6月14日）から起算して5年を超えない範囲内において政令で定める日に施行】
（適用範囲） 第三条　（略） 2・3　（略）	（適用範囲） 第三条　（略） <u>2　第十六条第一項及び第十七条の規定は、仲裁地が日本国内にある場合、仲裁地が日本国外にある場合及び仲裁地が定まっていない場合に適用する。</u> 3　（略）
（裁判所の管轄） 第五条　（略） 2〜5　（略）	（裁判所の管轄） 第五条　（略） 2〜5　（略）
（仲裁地が定まっていない場合における裁判所の関与） 第八条　（略）	（仲裁地が定まっていない場合における裁判所の関与） 第八条　裁判所に対する次の各号に掲げる申立ては、仲裁地が定まっていない場合であって、仲裁地が日本国内となる可能

仲裁法の一部を改正する法律（令和5年法律第15号）による改正前	仲裁法の一部を改正する法律（令和5年法律第15号）による改正後
性があり、かつ、申立人又は被申立人の普通裁判籍（最後の住所により定まるものを除く。）の所在地が日本国内にあるときも、することができる。この場合においては、当該各号に掲げる区分に応じ、当該各号に定める規定を適用する。 一　第十六条第三項の申立て　同条 二　第十七条第二項から第五項までの申立て　同条 三　第十九条第四項の申立て　第十八条及び第十九条 四　第二十条の申立て　同条 2　前項の場合における同項各号に掲げる申立てに係る事件は、第五条第一項の規定にかかわらず、前項に規定する普通裁判籍の所在地を管轄する地方裁判所の管轄に専属する。	2　前項の場合における同項各号に掲げる申立てに係る事件は、第五条第一項の規定にかかわらず、<u>次に掲げる裁判所の管轄に専属する。</u> <u>一　前項に規定する普通裁判籍の所在地を管轄する地方裁判所</u> <u>二　東京地方裁判所及び大阪地方裁判所</u>
（裁判所が行う手続に係る事件の記録の閲覧等） 第九条　この法律の規定により裁判所が行う手続について利害関係を有する者は、裁判所書記官に対し、次に掲げる事項を請求することができる。 一　事件の記録の閲覧又は謄写 二　事件の記録中の電子的方式、磁気的方式その他人の知覚によっては認識することができない方式で作られた記録の複製 三　事件の記録の正本、謄本又は抄本の交付 四　事件に関する事項の証明書の交付	（裁判所が行う手続に係る事件の記録の閲覧等） 第九条　（略）

民事訴訟法等の一部を改正する法律（令和4 年法律第 48 号）による改正後	民事関係手続等における情報通信技術の活用等の推進を図るための関係法律の整備に関する法律（令和 5 年法律第 53 号）による改正後
	性があり、かつ、申立人又は被申立人の普通裁判籍（最後の住所により定まるものを除く。）の所在地が日本国内にあるときも、することができる。この場合においては、当該各号に掲げる区分に応じ、当該各号に定める規定を適用する。 一　第十八条第三項の申立て　同条 二　第十九条第二項から第五項までの申立て　同条 三　第二十一条第四項の申立て　第二十条及び第二十一条 四　第二十二条の申立て　同条
2　（略）	2　（略）
（裁判所が行う手続に係る事件の記録の閲覧等） 第九条　（略）	（裁判所が行う手続に係る非電磁的事件記録の閲覧等） 第九条　この法律の規定により裁判所が行う手続について利害関係を有する者（以下「利害関係者」という。）は、裁判所書記官に対し、非電磁的事件記録（事件の記録中次条第一項に規定する電磁的事件記録を除いた部分をいう。以下この条において同じ。）の閲覧又は謄写を請求することができる。 2　利害関係者は、裁判所書記官に対し、非電磁的事件記録の正本、謄本又は抄本の交付を請求することができる。 3　前二項の規定は、非電磁的事件記録中

仲裁法の一部を改正する法律（令和5年法律第15号）による改正前	仲裁法の一部を改正する法律（令和5年法律第15号）による改正後
（規定なし）	（規定なし）
（規定なし）	（規定なし）
（規定なし）	（規定なし）

民事訴訟法等の一部を改正する法律（令和4年法律第48号）による改正後	民事関係手続等における情報通信技術の活用等の推進を図るための関係法律の整備に関する法律（令和5年法律第53号）による改正後
	の録音テープ又はビデオテープ（これらに準ずる方法により一定の事項を記録した物を含む。）に関しては、適用しない。この場合において、利害関係者は、裁判所書記官に対し、これらの物の複製を請求することができる。 　4　民事訴訟法（平成八年法律第百九号）第九十一条第五項の規定は、第一項及び前項の規定による請求について準用する。
（期日の呼出し） 第九条の二　この法律の規定により裁判所が行う手続における期日の呼出しは、呼出状の送達、当該事件について出頭した者に対する期日の告知その他相当と認める方法によってする。 　2　呼出状の送達及び当該事件について出頭した者に対する期日の告知以外の方法による期日の呼出しをしたときは、期日に出頭しない者に対し、法律上の制裁その他期日の不遵守による不利益を帰することができない。ただし、その者が期日の呼出しを受けた旨を記載した書面を提出したときは、この限りでない。	（削る）
（公示送達の方法） 第九条の三　この法律の規定により裁判所が行う手続における公示送達は、裁判所書記官が送達すべき書類を保管し、いつでも送達を受けるべき者に交付すべき旨を裁判所の掲示場に掲示してする。	（削る）
（電子情報処理組織による申立て等） 第九条の四　この法律の規定により裁判所	（削る）

仲裁法の一部を改正する法律（令和 5 年法律第 15 号）による改正前	仲裁法の一部を改正する法律（令和 5 年法律第 15 号）による改正後

民事訴訟法等の一部を改正する法律（令和4年法律第48号）による改正後	民事関係手続等における情報通信技術の活用等の推進を図るための関係法律の整備に関する法律（令和5年法律第53号）による改正後
が行う手続における申立てその他の申述（以下この条において「申立て等」という。）のうち、当該申立て等に関するこの法律その他の法令の規定により書面等（書面、書類、文書、謄本、抄本、正本、副本、複本その他文字、図形等人の知覚によって認識することができる情報が記載された紙その他の有体物をいう。次項及び第四項において同じ。）をもってするものとされているものであって、最高裁判所の定める裁判所に対してするもの（当該裁判所の裁判長、受命裁判官、受託裁判官又は裁判所書記官に対してするものを含む。）については、当該法令の規定にかかわらず、最高裁判所規則で定めるところにより、電子情報処理組織（裁判所の使用に係る電子計算機（入出力装置を含む。以下この項及び第三項において同じ。）と申立て等をする者の使用に係る電子計算機とを電気通信回線で接続した電子情報処理組織をいう。）を用いてすることができる。 2　前項の規定によりされた申立て等については、当該申立て等を書面等をもってするものとして規定した申立て等に関する法令の規定に規定する書面等をもってされたものとみなして、当該申立て等に関する法令の規定を適用する。 3　第一項の規定によりされた申立て等は、同項の裁判所の使用に係る電子計算機に備えられたファイルへの記録がされた時に、当該裁判所に到達したものとみなす。 4　第一項の場合において、当該申立て等	

仲裁法の一部を改正する法律（令和5年法律第15号）による改正前	仲裁法の一部を改正する法律（令和5年法律第15号）による改正後
（規定なし）	（規定なし）

民事訴訟法等の一部を改正する法律（令和 4 年法律第 48 号）による改正後	民事関係手続等における情報通信技術の活用等の推進を図るための関係法律の整備に関する法律（令和 5 年法律第 53 号）による改正後
に関する他の法令の規定により署名等（署名、記名、押印その他氏名又は名称を書面等に記載することをいう。以下この項において同じ。）をすることとされているものについては、当該申立て等をする者は、当該法令の規定にかかわらず、当該署名等に代えて、最高裁判所規則で定めるところにより、氏名又は名称を明らかにする措置を講じなければならない。 5　第一項の規定によりされた申立て等が第三項に規定するファイルに記録されたときは、第一項の裁判所は、当該ファイルに記録された情報の内容を書面に出力しなければならない。 6　第一項の規定によりされた申立て等に係るこの法律その他の法令の規定による事件の記録の閲覧若しくは謄写又はその正本、謄本若しくは抄本の交付は、前項の書面をもってするものとする。当該申立て等に係る書類の送達又は送付も、同様とする。 （裁判書） 第九条の五　この法律の規定により裁判所が行う手続に係る裁判の裁判書を作成する場合には、当該裁判書には、当該裁判に係る主文、当事者及び法定代理人並びに裁判所を記載しなければならない。 2　前項の裁判書を送達する場合には、当該送達は、当該裁判書の正本によってする。	（削る）

仲裁法の一部を改正する法律（令和5年法律第15号）による改正前	仲裁法の一部を改正する法律（令和5年法律第15号）による改正後
（規定なし）	（規定なし）

民事訴訟法等の一部を改正する法律（令和4年法律第48号）による改正後	民事関係手続等における情報通信技術の活用等の推進を図るための関係法律の整備に関する法律（令和5年法律第53号）による改正後
（規定なし）	（裁判所が行う手続に係る電磁的事件記録の閲覧等） 第十条　利害関係者は、裁判所書記官に対し、最高裁判所規則で定めるところにより、電磁的事件記録（事件の記録中この法律その他の法令の規定により裁判所の使用に係る電子計算機（入出力装置を含む。以下この条及び次条において同じ。）に備えられたファイル（第三十七条第六項において単に「ファイル」という。）に記録された事項に係る部分をいう。以下この条において同じ。）の内容を最高裁判所規則で定める方法により表示したものの閲覧を請求することができる。 2　利害関係者は、裁判所書記官に対し、電磁的事件記録に記録されている事項について、最高裁判所規則で定めるところにより、最高裁判所規則で定める電子情報処理組織（裁判所の使用に係る電子計算機と手続の相手方の使用に係る電子計算機とを電気通信回線で接続した電子情報処理組織をいう。次項及び次条において同じ。）を使用してその者の使用に係る電子計算機に備えられたファイルに記録する方法その他の最高裁判所規則で定める方法による複写を請求することができる。 3　利害関係者は、裁判所書記官に対し、最高裁判所規則で定めるところにより、電磁的事件記録に記録されている事項の全部若しくは一部を記載した書面であって裁判所書記官が最高裁判所規則で定める方法により当該書面の内容が電磁的事件記録に記録されている事項と同一であ

仲裁法の一部を改正する法律（令和 5 年法律第 15 号）による改正前	仲裁法の一部を改正する法律（令和 5 年法律第 15 号）による改正後
（規定なし）	（規定なし）

民事訴訟法等の一部を改正する法律（令和 4 年法律第 48 号）による改正後	民事関係手続等における情報通信技術の活用等の推進を図るための関係法律の整備に関する法律（令和 5 年法律第 53 号）による改正後
	ることを証明したものを交付し、又は当該事項の全部若しくは一部を記録した電磁的記録（電子的方式、磁気的方式その他人の知覚によっては認識することができない方式で作られる記録であって、電子計算機による情報処理の用に供されるものをいう。以下同じ。）であって裁判所書記官が最高裁判所規則で定める方法により当該電磁的記録の内容が電磁的事件記録に記録されている事項と同一であることを証明したものを最高裁判所規則で定める電子情報処理組織を使用してその者の使用に係る電子計算機に備えられたファイルに記録する方法その他の最高裁判所規則で定める方法により提供することを請求することができる。 4 民事訴訟法第九十一条第五項の規定は、第一項及び第二項の規定による請求について準用する。 （裁判所が行う手続に係る事件に関する事項の証明）
（規定なし）	第十一条 利害関係者は、裁判所書記官に対し、最高裁判所規則で定めるところにより、事件に関する事項を記載した書面であって裁判所書記官が最高裁判所規則で定める方法により当該事項を証明したものを交付し、又は当該事項を記録した電磁的記録であって裁判所書記官が最高裁判所規則で定める方法により当該事項を証明したものを最高裁判所規則で定める電子情報処理組織を使用してその者の使用に係る電子計算機に備えられたファイルに記録する方法その他の最高裁判所

仲裁法の一部を改正する法律（令和5年法律第15号）による改正前	仲裁法の一部を改正する法律（令和5年法律第15号）による改正後
（裁判所が行う手続についての民事訴訟法の準用） 第十条　特別の定めがある場合を除き、この法律の規定により裁判所が行う手続に関しては、その性質に反しない限り、民事訴訟法（平成八年法律第百九号）第一編から第四編までの規定（同法第八十七条の二の規定を除く。）を準用する。	（裁判所が行う手続についての民事訴訟法の準用） 第十条　（略）
第十一条　（略）	第十一条　（略）
（書面によってする通知） 第十二条　仲裁手続における通知を書面によってするときは、当事者間に別段の合意がない限り、名あて人が直接当該書面	（書面によってする通知） 第十二条　仲裁手続における通知を書面によってするときは、当事者間に別段の合意がない限り、名宛人が直接当該書面を

民事訴訟法等の一部を改正する法律（令和4年法律第48号）による改正後	民事関係手続等における情報通信技術の活用等の推進を図るための関係法律の整備に関する法律（令和5年法律第53号）による改正後
	規則で定める方法により提供することを 請求することができる。
（裁判所が行う手続についての民事訴訟法の準用） 第十条　特別の定めがある場合を除き、この法律の規定により裁判所が行う手続に関しては、その性質に反しない限り、民事訴訟法（平成八年法律第百九号）第一編から第四編までの規定（同法第七十一条第二項、第九十一条の二、第九十二条第九項及び第十項、第九十二条の二第二項、第九十四条、第百条第二項、第一編第五章第四節第三款、第百十一条、第一編第七章、第百三十三条の二第五項及び第六項、第百三十三条の三第二項、第百五十一条第三項、第百六十条第二項、第百八十五条第三項、第二百五条第二項、第二百十五条第二項、第二百二十七条第二項並びに第二百三十二条の二の規定を除く。）を準用する。この場合において、別表の上欄に掲げる同法の規定中同表の中欄に掲げる字句は、それぞれ同表の下欄に掲げる字句に読み替えるものとする。 ※　別表は省略	（裁判所が行う手続についての民事訴訟法の準用） 第十二条　特別の定めがある場合を除き、この法律の規定により裁判所が行う手続に関しては、その性質に反しない限り、民事訴訟法第一編から第四編までの規定を準用する。この場合において、同法第百三十二条の十一第一項第二号中「第二条」とあるのは、「第九条において準用する同法第二条」と読み替えるものとする。
第十一条　（略）	第十三条　（略）
（書面によってする通知） 第十二条　（略）	（書面によってする通知） 第十四条　（略）

仲裁法の一部を改正する法律（令和 5 年法律第 15 号）による改正前	仲裁法の一部を改正する法律（令和 5 年法律第 15 号）による改正後
を受領した時又は名あて人の住所、常居所、営業所、事務所若しくは配達場所（名あて人が発信人からの書面の配達を受けるべき場所として指定した場所をいう。以下この条において同じ。）に当該書面が配達された時に、通知がされたものとする。 2　裁判所は、仲裁手続における書面によってする通知について、当該書面を名あて人の住所、常居所、営業所、事務所又は配達場所に配達することが可能であるが、発信人が当該配達の事実を証明する資料を得ることが困難である場合において、必要があると認めるときは、発信人の申立てにより、裁判所が当該書面の送達をする旨の決定をすることができる。この場合における送達については、民事訴訟法第百四条及び第百十条から第百十三条までの規定は適用しない。 3　（略） 4　第二項の申立てに係る事件は、第五条第一項の規定にかかわらず、同項第一号及び第二号に掲げる裁判所並びに名あて人の住所、常居所、営業所、事務所又は配達場所の所在地を管轄する地方裁判所の管轄に専属する。 5　仲裁手続における通知を書面によってする場合において、名あて人の住所、常居所、営業所、事務所及び配達場所のすべてが相当の調査をしても分からないときは、当事者間に別段の合意がない限り、発信人は、名あて人の最後の住所、常居所、営業所、事務所又は配達場所にあてて当該書面を書留郵便その他配達を	受領した時又は名宛人の住所、常居所、営業所、事務所若しくは配達場所（名宛人が発信人からの書面の配達を受けるべき場所として指定した場所をいう。以下この条において同じ。）に当該書面が配達された時に、通知がされたものとする。 2　裁判所は、仲裁手続における書面によってする通知について、当該書面を名宛人の住所、常居所、営業所、事務所又は配達場所に配達することが可能であるが、発信人が当該配達の事実を証明する資料を得ることが困難である場合において、必要があると認めるときは、発信人の申立てにより、裁判所が当該書面の送達をする旨の決定をすることができる。この場合における送達については、民事訴訟法第百四条及び第百十条から第百十三条までの規定は適用しない。 3　（略） 4　第二項の申立てに係る事件は、第五条第一項及び第二項の規定にかかわらず、同条第一項第一号及び第二号に掲げる裁判所並びに名宛人の住所、常居所、営業所、事務所又は配達場所の所在地を管轄する地方裁判所の管轄に専属する。 5　仲裁手続における通知を書面によってする場合において、名宛人の住所、常居所、営業所、事務所及び配達場所の全てが相当の調査をしても分からないときは、当事者間に別段の合意がない限り、発信人は、名宛人の最後の住所、常居所、営業所、事務所又は配達場所に宛てて当該書面を書留郵便その他配達を試み

民事訴訟法等の一部を改正する法律（令和4 年法律第 48 号）による改正後	民事関係手続等における情報通信技術の活用等の推進を図るための関係法律の整備に関する法律（令和 5 年法律第 53 号）による改正後
2～6　（略）	2～6　（略）

仲裁法の一部を改正する法律（令和 5 年法律第 15 号）による改正前	仲裁法の一部を改正する法律（令和 5 年法律第 15 号）による改正後
試みたことを証明することができる方法により発送すれば足りる。この場合においては、当該書面が通常到達すべきであった時に通知がされたものとする。 6　（略） （仲裁合意の効力等） 第十三条　（略） 2　（略） 3　書面によってされた契約において、仲裁合意を内容とする条項が記載された文書が当該契約の一部を構成するものとして引用されているときは、その仲裁合意は、書面によってされたものとする。 4　仲裁合意がその内容を記録した電磁的記録（電子的方式、磁気的方式その他人の知覚によっては認識することができない方式で作られる記録であって、電子計算機による情報処理の用に供されるものをいう。）によってされたときは、その仲裁合意は、書面によってされたものとする。 5　（略） （規定なし） 6　（略） 第十四条～第二十条　（略）	たことを証明することができる方法により発送すれば足りる。この場合においては、当該書面が通常到達すべきであった時に通知がされたものとする。 6　（略） （仲裁合意の効力等） 第十三条　（略） 2　（略） 3　書面によってされた契約において、仲裁合意を内容とする条項が記載された文書が当該契約の一部を構成するものとして引用されているときは、その仲裁合意は、書面によってされた<u>ものとみなす</u>。 4　仲裁合意がその内容を記録した電磁的記録（電子的方式、磁気的方式その他人の知覚によっては認識することができない方式で作られる記録であって、電子計算機による情報処理の用に供されるものをいう。<u>第六項において同じ。</u>）によってされたときは、その仲裁合意は、書面によってされた<u>ものとみなす</u>。 5　（略） <u>6　書面によらないでされた契約において、仲裁合意を内容とする条項が記載され、又は記録された文書又は電磁的記録が当該契約の一部を構成するものとして引用されているときは、その仲裁合意は、書面によってされたものとみなす。</u> <u>7</u>　（略） 第十四条～第二十条　（略）

民事訴訟法等の一部を改正する法律（令和4年法律第48号）による改正後	民事関係手続等における情報通信技術の活用等の推進を図るための関係法律の整備に関する法律（令和5年法律第53号）による改正後
（仲裁合意の効力等） 第十三条　（略） 2～7　（略）	（仲裁合意の効力等） 第十五条　（略） 2・3　（略） 4　仲裁合意がその内容を記録した電磁的記録によってされたときは、その仲裁合意は、書面によってされたものとみなす。 5～7　（略）
第十四条～第二十条　（略）	第十六条～第二十二条　（略）

仲裁法の一部を改正する法律（令和5年法律第15号）による改正前	仲裁法の一部を改正する法律（令和5年法律第15号）による改正後
（仲裁人の任務の終了） 第二十一条　仲裁人の任務は、次に掲げる事由により、終了する。 　一〜三　（略） 　四　第十九条第一項から第四項までに規定する忌避の手続においてされた忌避を理由があるとする決定 　五　（略） 2　第十九条第一項から第四項までに規定する忌避の手続又は前条の規定による解任の手続の進行中に、仲裁人が辞任し、又は当事者の合意により仲裁人が解任されたという事実のみから、当該仲裁人について第十八条第一項各号又は前条各号に掲げる事由があるものと推定してはならない。	（仲裁人の任務の終了） 第二十一条　（略） 2　（略）
第二十二条・第二十三条　（略）	第二十二条・第二十三条　（略）
（暫定措置又は保全措置） 第二十四条　仲裁廷は、当事者間に別段の合意がない限り、その一方の申立てにより、いずれの当事者に対しても、紛争の対象について仲裁廷が必要と認める暫定措置又は保全措置を講ずることを命ずることができる。	（暫定保全措置） 第二十四条　仲裁廷は、当事者間に別段の合意がない限り、仲裁判断があるまでの間、その一方の申立てにより、他方の当事者に対し、次に掲げる措置を講ずることを命ずることができる。 　一　金銭の支払を目的とする債権について、強制執行をすることができなくなるおそれがあるとき、又は強制執行をするのに著しい困難を生ずるおそれがあるときに、当該金銭の支払をするために必要な財産の処分その他の変更を禁止すること。 　二　財産上の給付（金銭の支払を除く。）を求める権利について、当該権利を実

民事訴訟法等の一部を改正する法律（令和 4 年法律第 48 号）による改正後	民事関係手続等における情報通信技術の活用等の推進を図るための関係法律の整備に関する法律（令和 5 年法律第 53 号）による改正後
（仲裁人の任務の終了） 第二十一条　（略）	（仲裁人の任務の終了） <u>第二十三条</u>　仲裁人の任務は、次に掲げる事由により、終了する。 　一～三　（略） 　四　<u>第二十一条第一項から第四項までに規定する忌避の手続においてされた忌避を理由があるとする決定</u> 　五　（略）
2　（略）	2　<u>第二十一条第一項から第四項までに規定する忌避の手続又は前条の規定による解任の手続の進行中に、仲裁人が辞任し、又は当事者の合意により仲裁人が解任されたという事実のみから、当該仲裁人について第二十条第一項各号</u>又は前条各号に掲げる事由があるものと推定してはならない。
第二十二条・第二十三条　（略）	<u>第二十四条・第二十五条</u>　（略）
（暫定保全措置） 第二十四条　（略）	（暫定保全措置） <u>第二十六条</u>　（略）

仲裁法の一部を改正する法律（令和5年法律第15号）による改正前	仲裁法の一部を改正する法律（令和5年法律第15号）による改正後
	行することができなくなるおそれがあるとき、又は当該権利を実行するのに著しい困難を生ずるおそれがあるときに、当該給付の目的である財産の処分その他の変更を禁止すること。
	三　紛争の対象となる物又は権利関係について、申立てをした当事者に生ずる著しい損害又は急迫の危険を避けるため、当該損害若しくは当該危険の発生を防止し、若しくはその防止に必要な措置をとり、又は変更が生じた当該物若しくは権利関係について変更前の原状の回復をすること。
	四　仲裁手続における審理を妨げる行為を禁止すること（次号に掲げるものを除く。）。
	五　仲裁手続の審理のために必要な証拠について、その廃棄、消去又は改変その他の行為を禁止すること。
（規定なし）	2　前項の申立て（同項第五号に係るものを除く。）をするときは、保全すべき権利又は権利関係及びその申立ての原因となる事実を疎明しなければならない。
2　仲裁廷は、いずれの当事者に対しても、前項の暫定措置又は保全措置を講ずるについて、相当な担保を提供すべきことを命ずることができる。	3　仲裁廷は、第一項各号に掲げる措置を講ずることを命ずる命令（以下「暫定保全措置命令」という。）を発するに際し、必要があると認めるときは、相当な担保を提供すべきことを命ずることができる。
（規定なし）	4　保全すべき権利若しくは権利関係又は第一項の申立ての原因を欠くことが判明し、又はこれを欠くに至ったときその他の事情の変更があったときは、仲裁廷は、申立てにより、暫定保全措置命令を

民事訴訟法等の一部を改正する法律（令和 4 年法律第 48 号）による改正後	民事関係手続等における情報通信技術の活用等の推進を図るための関係法律の整備に関する法律（令和 5 年法律第 53 号）による改正後
2 〜10　（略）	2 〜 9　（略）

仲裁法の一部を改正する法律（令和5年法律第15号）による改正前	仲裁法の一部を改正する法律（令和5年法律第15号）による改正後
	取り消し、変更し、又はその効力を停止することができる。
（規定なし）	5　前項の規定によるほか、仲裁廷は、特別の事情があると認めるときは、当事者にあらかじめ通知した上で、職権で、暫定保全措置命令を取り消し、変更し、又はその効力を停止することができる。
（規定なし）	6　仲裁廷は、第四項の事情の変更があったと思料するときは、当事者に対し、速やかに当該事情の変更の有無及び当該事情の変更があったときはその内容を開示することを命ずることができる。
（規定なし）	7　暫定保全措置命令の申立てをした者（次項において「申立人」という。）が前項の規定による命令に従わないときは、第四項の規定の適用については、同項の事情の変更があったものとみなす。
（規定なし）	8　仲裁廷は、第四項又は第五項の規定により暫定保全措置命令を取り消し、変更し、又はその効力を停止した場合において、申立人の責めに帰すべき事由により暫定保全措置命令を発したと認めるときは、暫定保全措置命令を受けた者の申立てにより、当該申立人に対し、これにより当該暫定保全措置命令を受けた者が受けた損害の賠償を命ずることができる。ただし、当事者間に別段の合意がある場合は、この限りでない。
（規定なし）	9　前項の規定による命令は、仲裁判断としての効力を有する。
（規定なし）	10　第三十九条の規定は第八項の規定による命令について、同条第一項及び第三項の規定は暫定保全措置命令その他のこの条の規定による命令（第八項の規定によ

民事訴訟法等の一部を改正する法律（令和4年法律第 48 号）による改正後	民事関係手続等における情報通信技術の活用等の推進を図るための関係法律の整備に関する法律（令和 5 年法律第 53 号）による改正後
	10　第四十一条の規定は第八項の規定による命令について、同条第一項及び第三項の規定は暫定保全措置命令その他のこの条の規定による命令（第八項の規定によ

仲裁法の一部を改正する法律（令和5年法律第15号）による改正前	仲裁法の一部を改正する法律（令和5年法律第15号）による改正後
	<u>る命令を除く。）又は決定について、それぞれ準用する。</u>
第二十五条～第二十九条　（略）	第二十五条～第二十九条　（略）
（言語） 第三十条　（略） 2・3　（略） 4　仲裁廷は、すべての証拠書類について、第一項の合意又は第二項の決定により定められた言語（翻訳文について使用すべき言語の定めがある場合にあっては、当該言語）による翻訳文を添付することを命ずることができる。	（言語） 第三十条　（略） 2～4　（略）
（当事者の陳述の時期的制限） 第三十一条　仲裁申立人（仲裁手続において、これを開始させるための行為をした当事者をいう。以下同じ。）は、仲裁廷が定めた期間内に、申立ての趣旨、申立ての根拠となる事実及び紛争の要点を陳述しなければならない。この場合において、仲裁申立人は、取り調べる必要があると思料するすべての証拠書類を提出し、又は提出予定の証拠書類その他の証拠を引用することができる。 2　（略） 3　すべての当事者は、仲裁手続の進行中において、自己の陳述の変更又は追加をすることができる。ただし、当該変更又は追加が時機に後れてされたものであるときは、仲裁廷は、これを許さないことができる。 4　（略）	（当事者の陳述の時期的制限） 第三十一条　（略） 2～4　（略）

民事訴訟法等の一部を改正する法律（令和4年法律第48号）による改正後	民事関係手続等における情報通信技術の活用等の推進を図るための関係法律の整備に関する法律（令和5年法律第53号）による改正後
	る命令を除く。）又は決定について、それぞれ準用する。
第二十五条〜第二十九条　（略）	<u>第二十七条〜第三十一条</u>　（略）
（言語） 第三十条　（略） 2〜4　（略)	（言語） <u>第三十二条</u>　（略） 2・3　（略) 4　仲裁廷は、<u>全て</u>の証拠書類について、第一項の合意又は第二項の決定により定められた言語（翻訳文について使用すべき言語の定めがある場合にあっては、当該言語）による翻訳文を添付することを命ずることができる。
（当事者の陳述の時期的制限） 第三十一条　（略）	（当事者の陳述の時期的制限） <u>第三十三条</u>　仲裁申立人（仲裁手続において、これを開始させるための行為をした当事者をいう。以下同じ。）は、仲裁廷が定めた期間内に、申立ての趣旨、申立ての根拠となる事実及び紛争の要点を陳述しなければならない。この場合において、仲裁申立人は、取り調べる必要があると思料する<u>全て</u>の証拠書類を提出し、又は提出予定の証拠書類その他の証拠を引用することができる。
2〜4　（略）	2　（略) 3　<u>全て</u>の当事者は、仲裁手続の進行中において、自己の陳述の変更又は追加をすることができる。ただし、当該変更又は追加が時機に後れてされたものであるときは、仲裁廷は、これを許さないことができる。 4　（略)

仲裁法の一部を改正する法律（令和 5 年法律第 15 号）による改正前	仲裁法の一部を改正する法律（令和 5 年法律第 15 号）による改正後
（審理の方法） 第三十二条　仲裁廷は、当事者に証拠の提出又は意見の陳述をさせるため、口頭審理を実施することができる。ただし、一方の当事者が第三十四条第三項の求めその他の口頭審理の実施の申立てをしたときは、仲裁手続における適切な時期に、当該口頭審理を実施しなければならない。 2 ～ 4　（略） 5　仲裁廷は、仲裁判断その他の仲裁廷の決定の基礎となるべき鑑定人の報告その他の証拠資料の内容を、すべての当事者が知ることができるようにする措置を執らなければならない。	（審理の方法） 第三十二条　（略） 2 ～ 5　（略）
（不熱心な当事者がいる場合の取扱い） 第三十三条　仲裁廷は、仲裁申立人が第三十一条第一項の規定に違反したときは、仲裁手続の終了決定をしなければならない。ただし、違反したことについて正当な理由がある場合は、この限りでない。 2　仲裁廷は、仲裁被申立人が第三十一条第二項の規定に違反した場合であっても、仲裁被申立人が仲裁申立人の主張を認めたものとして取り扱うことなく、仲裁手続を続行しなければならない。 3・4　（略）	（不熱心な当事者がいる場合の取扱い） 第三十三条　（略） 2 ～ 4　（略）
第三十四条　（略）	第三十四条　（略）
（裁判所により実施する証拠調べ） 第三十五条　仲裁廷又は当事者は、民事訴訟法の規定による調査の嘱託、証人尋問、鑑定、書証（当事者が文書を提出し	（裁判所により実施する証拠調べ） 第三十五条　（略）

民事訴訟法等の一部を改正する法律（令和4 年法律第 48 号）による改正後	民事関係手続等における情報通信技術の活用等の推進を図るための関係法律の整備に関する法律（令和 5 年法律第 53 号）による改正後
（審理の方法） 第三十二条　（略）	（審理の方法） 第三十四条　仲裁廷は、当事者に証拠の提出又は意見の陳述をさせるため、口頭審理を実施することができる。ただし、一方の当事者が第三十六条第三項の求めその他の口頭審理の実施の申立てをしたときは、仲裁手続における適切な時期に、当該口頭審理を実施しなければならない。
2 ～ 5　（略）	2 ～ 4　（略） 5　仲裁廷は、仲裁判断その他の仲裁廷の決定の基礎となるべき鑑定人の報告その他の証拠資料の内容を、全ての当事者が知ることができるようにする措置を執らなければならない。
（不熱心な当事者がいる場合の取扱い） 第三十三条　（略）	（不熱心な当事者がいる場合の取扱い） 第三十五条　仲裁廷は、仲裁申立人が第三十三条第一項の規定に違反したときは、仲裁手続の終了決定をしなければならない。ただし、違反したことについて正当な理由がある場合は、この限りでない。
2 ～ 4　（略）	2　仲裁廷は、仲裁被申立人が第三十三条第二項の規定に違反した場合であっても、仲裁被申立人が仲裁申立人の主張を認めたものとして取り扱うことなく、仲裁手続を続行しなければならない。 3・4　（略）
第三十四条　（略）	第三十六条　（略）
（裁判所により実施する証拠調べ） 第三十五条　（略）	（裁判所により実施する証拠調べ） 第三十七条　仲裁廷又は当事者は、民事訴訟法の規定による調査の嘱託、証人尋問、鑑定、書証（当事者が文書を提出し

仲裁法の一部を改正する法律（令和5年法律第15号）による改正前	仲裁法の一部を改正する法律（令和5年法律第15号）による改正後
てするものを除く。）及び検証（当事者が検証の目的を提示してするものを除く。）であって仲裁廷が必要と認めるものにつき、裁判所に対し、その実施を求める申立てをすることができる。ただし、当事者間にこれらの全部又は一部についてその実施を求める申立てをしない旨の合意がある場合は、この限りでない。	
2　（略）	2　（略）
3　第一項の申立てに係る事件は、第五条第一項の規定にかかわらず、次に掲げる裁判所の管轄に専属する。	3　第一項の申立てに係る事件は、第五条第一項及び第二項の規定にかかわらず、次に掲げる裁判所の管轄に専属する。
一　第五条第一項第二号に掲げる裁判所	一　第五条第一項第二号に掲げる裁判所
二　尋問を受けるべき者若しくは文書を所持する者の住所若しくは居所又は検証の目的の所在地を管轄する地方裁判所	二　尋問を受けるべき者若しくは文書を所持する者の住所若しくは居所又は検証の目的の所在地を管轄する地方裁判所
三　申立人又は被申立人の普通裁判籍の所在地を管轄する地方裁判所（前二号に掲げる裁判所がない場合に限る。）	三　申立人又は被申立人の普通裁判籍の所在地を管轄する地方裁判所（前二号に掲げる裁判所がない場合に限る。）
（規定なし）	四　東京地方裁判所及び大阪地方裁判所
4　（略）	4～6　（略）
5　第一項の申立てにより裁判所が当該証拠調べを実施するに当たり、仲裁人は、文書を閲読し、検証の目的を検証し、又は裁判長の許可を得て証人若しくは鑑定人（民事訴訟法第二百十三条に規定する鑑定人をいう。）に対して質問をすることができる。	

民事訴訟法等の一部を改正する法律（令和4年法律第48号）による改正後	民事関係手続等における情報通信技術の活用等の推進を図るための関係法律の整備に関する法律（令和5年法律第53号）による改正後
	てするものを除く。）、電磁的記録に記録された情報の内容に係る証拠調べ（当事者が電磁的記録を提出してするものを除く。）及び検証（当事者が検証の目的を提示してするものを除く。）であって仲裁廷が必要と認めるものにつき、裁判所に対し、その実施を求める申立てをすることができる。ただし、当事者間にこれらの全部又は一部についてその実施を求める申立てをしない旨の合意がある場合は、この限りでない。
2〜6　（略）	2　（略） 3　第一項の申立てに係る事件は、第五条第一項及び第二項の規定にかかわらず、次に掲げる裁判所の管轄に専属する。 　一　（略） 　二　尋問を受けるべき者、文書を所持する者若しくは電磁的記録を利用する権限を有する者の住所若しくは居所又は検証の目的の所在地を管轄する地方裁判所 　三・四　（略）
	4　（略） 5　第一項の申立てにより裁判所が当該証拠調べを実施するに当たり、仲裁人は、文書を閲読し、電磁的記録に記録された情報の内容を確認し、検証の目的を検証し、又は裁判長の許可を得て証人若しくは鑑定人（民事訴訟法第二百十三条に規定する鑑定人をいう。）に対して質問をすることができる。

仲裁法の一部を改正する法律（令和5年法律第15号）による改正前	仲裁法の一部を改正する法律（令和5年法律第15号）による改正後
6　裁判所書記官は、第一項の申立てにより裁判所が実施する証拠調べについて、調書を作成しなければならない。	
第三十六条　（略）	第三十六条　（略）
（合議体である仲裁廷の議事） 第三十七条　（略） 2　（略） 3　前項の規定にかかわらず、仲裁手続における手続上の事項は、当事者双方の合意又は他のすべての仲裁人の委任があるときは、仲裁廷の長である仲裁人が決することができる。 4　（略）	（合議体である仲裁廷の議事） 第三十七条　（略） 2～4　（略）
第三十八条・第三十九条　（略）	第三十八条・第三十九条　（略）
（仲裁手続の終了） 第四十条　（略） 2　仲裁廷は、第二十三条第四項第二号又は第三十三条第一項の規定による場合のほか、次に掲げる事由のいずれかがあるときは、仲裁手続の終了決定をしなければならない。 一・二　（略） 三　仲裁手続に付された民事上の紛争について、当事者間に和解が成立したと	（仲裁手続の終了） 第四十条　（略） 2・3　（略）

民事訴訟法等の一部を改正する法律（令和 4 年法律第 48 号）による改正後	民事関係手続等における情報通信技術の活用等の推進を図るための関係法律の整備に関する法律（令和 5 年法律第 53 号）による改正後
	6　裁判所書記官は、第一項の申立てにより裁判所が実施する証拠調べについて、最高裁判所規則で定めるところにより、電子調書（期日又は期日外における手続の方式、内容及び経過等の記録及び公証をするためにこの法律その他の法令の規定により裁判所書記官が作成する電磁的記録をいう。）を作成し、これをファイルに記録しなければならない。
第三十六条　（略）	第三十八条　（略）
（合議体である仲裁廷の議事）	（合議体である仲裁廷の議事）
第三十七条　（略）	第三十九条　（略）
2〜4　（略）	2　（略）
	3　前項の規定にかかわらず、仲裁手続における手続上の事項は、当事者双方の合意又は他の全ての仲裁人の委任があるときは、仲裁廷の長である仲裁人が決することができる。
	4　（略）
第三十八条・第三十九条　（略）	第四十条・第四十一条　（略）
（仲裁手続の終了）	（仲裁手続の終了）
第四十条　（略）	第四十二条　（略）
2・3　（略）	2　仲裁廷は、第二十五条第四項第二号又は第三十五条第一項の規定による場合のほか、次に掲げる事由のいずれかがあるときは、仲裁手続の終了決定をしなければならない。
	一・二　（略）
	三　仲裁手続に付された民事上の紛争について、当事者間に和解が成立したと

仲裁法の一部を改正する法律（令和5年法律第15号）による改正前	仲裁法の一部を改正する法律（令和5年法律第15号）による改正後
き（第三十八条第一項の決定があったときを除く。）。 　四　（略） 3　仲裁手続が終了したときは、仲裁廷の任務は、終了する。ただし、次条から第四十三条までの規定による行為をすることができる。	
（仲裁判断の訂正） 第四十一条　（略） 2〜5　（略） 6　第三十九条の規定は、仲裁判断の訂正の決定及び第一項の申立てを却下する決定について準用する。	（仲裁判断の訂正） 第四十一条　（略） 2〜6　（略）
（仲裁廷による仲裁判断の解釈） 第四十二条　（略） 2　（略） 3　前条第二項及び第三項の規定は第一項の申立てについて、第三十九条並びに前条第四項及び第五項の規定は第一項の申立てについての決定について、それぞれ準用する。	（仲裁廷による仲裁判断の解釈） 第四十二条　（略） 2・3　（略）
（追加仲裁判断） 第四十三条　当事者は、仲裁手続における申立てのうちに仲裁判断において判断が示されなかったものがあるときは、当事者間に別段の合意がない限り、仲裁廷に対し、当該申立てについての仲裁判断を求める申立てをすることができる。この場合においては、第四十一条第二項及び第三項の規定を準用する。 2　仲裁廷は、前項の申立ての日から六十	（追加仲裁判断） 第四十三条　（略） 2・3　（略）

民事訴訟法等の一部を改正する法律（令和 4 年法律第 48 号）による改正後	民事関係手続等における情報通信技術の活用等の推進を図るための関係法律の整備に関する法律（令和 5 年法律第 53 号）による改正後
	き（<u>第四十条第一項</u>の決定があったときを除く。）。 　四　（略） 3　仲裁手続が終了したときは、仲裁廷の任務は、終了する。ただし、次条から<u>第四十五条</u>までの規定による行為をすることができる。
（仲裁判断の訂正） 第四十一条　（略） 2 ～ 6　（略）	（仲裁判断の訂正） <u>第四十三条</u>　（略） 2 ～ 5　（略） 6　<u>第四十一条</u>の規定は、仲裁判断の訂正の決定及び第一項の申立てを却下する決定について準用する。
（仲裁廷による仲裁判断の解釈） 第四十二条　（略） 2・3　（略）	（仲裁廷による仲裁判断の解釈） <u>第四十四条</u>　（略） 2　（略） 3　前条第二項及び第三項の規定は第一項の申立てについて、<u>第四十一条</u>並びに前条第四項及び第五項の規定は第一項の申立てについての決定について、それぞれ準用する。
（追加仲裁判断） 第四十三条　（略） 2・3　（略）	（追加仲裁判断） <u>第四十五条</u>　当事者は、仲裁手続における申立てのうちに仲裁判断において判断が示されなかったものがあるときは、当事者間に別段の合意がない限り、仲裁廷に対し、当該申立てについての仲裁判断を求める申立てをすることができる。この場合においては、<u>第四十三条第二項</u>及び第三項の規定を準用する。 2　仲裁廷は、前項の申立ての日から六十

仲裁法の一部を改正する法律（令和5年法律第15号）による改正前	仲裁法の一部を改正する法律（令和5年法律第15号）による改正後
日以内に、当該申立てについての決定をしなければならない。この場合においては、第四十一条第五項の規定を準用する。 3　第三十九条の規定は、前項の決定について準用する。	
第四十四条　（略） 2　前項の申立ては、仲裁判断書（第四十一条から前条までの規定による仲裁廷の決定の決定書を含む。）の写しの送付による通知がされた日から三箇月を経過したとき、又は第四十六条の規定による執行決定が確定したときは、することができない。	第四十四条　（略） 2　（略）
3　裁判所は、第一項の申立てに係る事件がその管轄に属する場合においても、相当と認めるときは、申立てにより又は職権で、当該事件の全部又は一部を他の管轄裁判所に移送することができる。	（削る）
4　第一項の申立てに係る事件についての第五条第三項又は前項の規定による決定に対しては、即時抗告をすることができる。 5〜8　（略）	3　第一項の申立てに係る事件についての<u>第五条第四項又は第五項</u>の規定による決定に対しては、即時抗告をすることができる。 <u>4〜7</u>　（略）
第八章　仲裁判断の承認及び執行決定	<u>第八章　仲裁判断の承認及び執行決定等</u>
第四十五条　（略）	第四十五条　（略）
（仲裁判断の執行決定） 第四十六条　（略） 2　前項の申立てをするときは、仲裁判断書の写し、当該写しの内容が仲裁判断書	（仲裁判断の執行決定） 第四十六条　（略） 2　前項の申立てをするときは、仲裁判断書の写し、当該写しの内容が仲裁判断書

民事訴訟法等の一部を改正する法律（令和 4 年法律第 48 号）による改正後	民事関係手続等における情報通信技術の活用等の推進を図るための関係法律の整備に関する法律（令和 5 年法律第 53 号）による改正後
	日以内に、当該申立てについての決定をしなければならない。この場合においては、<u>第四十三条第五項</u>の規定を準用する。 3　<u>第四十一条</u>の規定は、前項の決定について準用する。
第四十四条　（略） 2～7　（略）	<u>第四十六条</u>　（略） 2　前項の申立ては、仲裁判断書（<u>第四十三条</u>から前条までの規定による仲裁廷の決定の決定書を含む。）の写しの送付による通知がされた日から三箇月を経過したとき、又は<u>第四十八条</u>の規定による執行決定が確定したときは、することができない。
	3～7　（略）
第八章　（略）	第八章　（略）
第四十五条　（略）	<u>第四十七条</u>　（略）
（仲裁判断の執行決定） 第四十六条　（略） 2～9　（略）	（仲裁判断の執行決定） <u>第四十八条</u>　（略） 2　前項の申立てをするときは、<u>次に掲げる文書又は電磁的記録を提出しなければ</u>

仲裁法の一部を改正する法律（令和5年法律第15号）による改正前	仲裁法の一部を改正する法律（令和5年法律第15号）による改正後
と同一であることを証明する文書及び仲裁判断書（日本語で作成されたものを除く。）の日本語による翻訳文を提出しなければならない。	と同一であることを証明する文書及び仲裁判断書（日本語で作成されたものを除く。以下この項において同じ。）の日本語による翻訳文を提出しなければならない。ただし、裁判所は、相当と認めるときは、被申立人の意見を聴いて、仲裁判断書の全部又は一部について日本語による翻訳文を提出することを要しないものとすることができる。
3　第一項の申立てを受けた裁判所は、前条第二項第七号に規定する裁判機関に対して仲裁判断の取消し又はその効力の停止を求める申立てがあった場合において、必要があると認めるときは、第一項の申立てに係る手続を中止することができる。この場合において、裁判所は、同項の申立てをした者の申立てにより、他の当事者に対し、担保を立てるべきことを命ずることができる。 4　第一項の申立てに係る事件は、第五条第一項の規定にかかわらず、同項各号に掲げる裁判所及び請求の目的又は差し押さえることができる債務者の財産の所在地を管轄する地方裁判所の管轄に専属する。	3　第一項の申立てを受けた裁判所は、前条第二項第七号に規定する裁判機関に対して仲裁判断の取消し又はその効力の停止を求める申立てがあった場合において、必要があると認めるときは、第一項の申立てに係る手続を中止することができる。この場合において、裁判所は、同項の申立てをした者の申立てにより、被申立人に対し、担保を立てるべきことを命ずることができる。 4　第一項の申立てに係る事件は、第五条第一項及び第二項の規定にかかわらず、次に掲げる裁判所の管轄に専属する。 一　第五条第一項各号に掲げる裁判所 二　請求の目的又は差し押さえることができる被申立人の財産の所在地を管轄する地方裁判所 三　東京地方裁判所及び大阪地方裁判所（仲裁地、被申立人の普通裁判籍の所在地又は請求の目的若しくは差し押さ

民事訴訟法等の一部を改正する法律（令和 4 年法律第 48 号）による改正後	民事関係手続等における情報通信技術の活用等の推進を図るための関係法律の整備に関する法律（令和 5 年法律第 53 号）による改正後
	ならない。ただし、裁判所は、相当と認めるときは、被申立人の意見を聴いて、仲裁判断書の全部又は一部について<u>第三号に掲げる翻訳文又は翻訳の内容を記録した電磁的記録</u>を提出することを要しないものとすることができる。 二　<u>仲裁判断書の写し又は仲裁判断書に記載された事項を記録した電磁的記録</u> 二　<u>前号に掲げる写し又は電磁的記録の内容が仲裁判断書と同一であることを証明する文書又は電磁的記録</u> 三　<u>仲裁判断書（日本語で作成されたものを除く。）の日本語による翻訳文又は翻訳の内容を記録した電磁的記録</u> 3 〜 8　（略）

仲裁法の一部を改正する法律（令和5年法律第15号）による改正前	仲裁法の一部を改正する法律（令和5年法律第15号）による改正後
	えることができる被申立人の財産の所在地が日本国内にある場合に限る。）
5　裁判所は、第一項の申立てに係る事件がその管轄に属する場合においても、相当と認めるときは、申立てにより又は職権で、当該事件の全部又は一部を他の管轄裁判所に移送することができる。	（削る）
6　第一項の申立てに係る事件についての第五条第三項又は前項の規定による決定に対しては、即時抗告をすることができる。	5　第一項の申立てに係る事件についての<u>第五条第四項又は第五項</u>の規定による決定に対しては、即時抗告をすることができる。
7　裁判所は、次項又は第九項の規定により第一項の申立てを却下する場合を除き、執行決定をしなければならない。	6　裁判所は、次項又は<u>第八項</u>の規定により第一項の申立てを却下する場合を除き、執行決定をしなければならない。
8・9　（略）	7・8　（略）
10　第四十四条第五項及び第八項の規定は、第一項の申立てについての決定について準用する。	9　<u>第四十四条第四項及び第七項</u>の規定は、第一項の申立てについての決定について準用する。
（規定なし）	<u>（暫定保全措置命令の執行等認可決定）</u> <u>第四十七条　暫定保全措置命令（仲裁地が日本国内にあるかどうかを問わない。以下この章において同じ。）の申立てをした者は、当該暫定保全措置命令を受けた者を被申立人として、裁判所に対し、次の各号に掲げる区分に応じ、当該各号に定める決定（以下「執行等認可決定」という。）を求める申立てをすることができる。</u> <u>一　暫定保全措置命令のうち第二十四条第一項第三号に掲げる措置を講ずることを命ずるもの　当該暫定保全措置命令に基づく民事執行を許す旨の決定</u> <u>二　暫定保全措置命令のうち第二十四条</u>

民事訴訟法等の一部を改正する法律（令和 4 年法律第 48 号）による改正後	民事関係手続等における情報通信技術の活用等の推進を図るための関係法律の整備に関する法律（令和 5 年法律第 53 号）による改正後
	9　第四十六条第四項及び第七項の規定は、第一項の申立てについての決定について準用する。
（暫定保全措置命令の執行等認可決定） 第四十七条　（略）	（暫定保全措置命令の執行等認可決定） 第四十九条　暫定保全措置命令（仲裁地が日本国内にあるかどうかを問わない。以下この章において同じ。）の申立てをした者は、当該暫定保全措置命令を受けた者を被申立人として、裁判所に対し、次の各号に掲げる区分に応じ、当該各号に定める決定（以下「執行等認可決定」という。）を求める申立てをすることができる。 一　暫定保全措置命令のうち第二十六条第一項第三号に掲げる措置を講ずることを命ずるもの　当該暫定保全措置命令に基づく民事執行を許す旨の決定 二　暫定保全措置命令のうち第二十六条

仲裁法の一部を改正する法律（令和 5 年法律第 15 号）による改正前	仲裁法の一部を改正する法律（令和 5 年法律第 15 号）による改正後
	第一項第一号、第二号、第四号又は第五号に掲げる措置を講ずることを命ずるもの　当該暫定保全措置命令に違反し、又は違反するおそれがあると認めるときに第四十九条第一項の規定による金銭の支払命令を発することを許す旨の決定
	2　前項の申立てをするときは、暫定保全措置命令の命令書の写し、当該写しの内容が暫定保全措置命令の命令書と同一であることを証明する文書及び暫定保全措置命令の命令書（日本語で作成されたものを除く。以下この項において同じ。）の日本語による翻訳文を提出しなければならない。ただし、裁判所は、相当と認めるときは、被申立人の意見を聴いて、暫定保全措置命令の命令書の全部又は一部について日本語による翻訳文を提出することを要しないものとすることができる。
	3　第一項の申立てを受けた裁判所は、仲裁廷又は裁判機関（仲裁地が属する国の法令（当該暫定保全措置命令に適用された法令が仲裁地が属する国以外の国の法令である場合にあっては、当該法令）により当該国の裁判機関がその権限を有する場合に限る。）に対して暫定保全措置

民事訴訟法等の一部を改正する法律（令和 4 年法律第 48 号）による改正後	民事関係手続等における情報通信技術の活用等の推進を図るための関係法律の整備に関する法律（令和 5 年法律第 53 号）による改正後
2 ～ 10　（略）	第一項第一号、第二号、第四号又は第五号に掲げる措置を講ずることを命ずるもの　当該暫定保全措置命令に違反し、又は違反するおそれがあると認めるときに第五十一条第一項の規定による金銭の支払命令を発することを許す旨の決定 2　前項の申立てをするときは、次に掲げる文書又は電磁的記録を提出しなければならない。ただし、裁判所は、相当と認めるときは、被申立人の意見を聴いて、暫定保全措置命令の命令書の全部又は一部について第三号に掲げる翻訳文又は翻訳の内容を記録した電磁的記録を提出することを要しないものとすることができる。 一　暫定保全措置命令の命令書の写し又は暫定保全措置命令の命令書に記載された事項を記録した電磁的記録 二　前号に掲げる写し又は電磁的記録の内容が暫定保全措置命令の命令書と同一であることを証明する文書又は電磁的記録 三　暫定保全措置命令の命令書（日本語で作成されたものを除く。）の日本語による翻訳文又は翻訳の内容を記録した電磁的記録 3 ～ 9　（略）

仲裁法の一部を改正する法律（令和5年法律第15号）による改正前	仲裁法の一部を改正する法律（令和5年法律第15号）による改正後
	命令の取消し、変更又はその効力の停止を求める申立てがあったことを知った場合において、必要があると認めるときは、同項の申立てに係る手続を中止することができる。この場合において、裁判所は、同項の申立てをした者の申立てにより、被申立人に対し、担保を立てるべきことを命ずることができる。 4　第一項の申立てに係る事件は、第五条第一項及び第二項の規定にかかわらず、次に掲げる裁判所の管轄に専属する。 　一　第五条第一項各号に掲げる裁判所 　二　請求の目的又は差し押さえることができる被申立人の財産の所在地を管轄する地方裁判所 　三　東京地方裁判所及び大阪地方裁判所（仲裁地、被申立人の普通裁判籍の所在地又は請求の目的若しくは差し押さえることができる被申立人の財産の所在地が日本国内にある場合に限る。） 5　第一項の申立てに係る事件についての第五条第四項又は第五項の規定による決定に対しては、即時抗告をすることができる。 6　裁判所は、次項又は第八項の規定により第一項の申立てを却下する場合を除き、執行等認可決定をしなければならない。 7　裁判所は、第一項の申立てがあった場合において、次の各号に掲げる事由のいずれかがあると認めるとき（第一号から第八号までに掲げる事由にあっては、被申立人が当該事由の存在を証明した場合に限る。）に限り、当該申立てを却下す

民事訴訟法等の一部を改正する法律（令和4 年法律第 48 号）による改正後	民事関係手続等における情報通信技術の活用等の推進を図るための関係法律の整備に関する法律（令和 5 年法律第 53 号）による改正後

仲裁法の一部を改正する法律（令和5年法律第15号）による改正前	仲裁法の一部を改正する法律（令和5年法律第15号）による改正後
	ることができる。
	二　仲裁合意が、当事者の行為能力の制限により、その効力を有しないこと。
	二　仲裁合意が、当事者が合意により仲裁合意に適用すべきものとして指定した法令（当該指定がないときは、仲裁地が属する国の法令）によれば、当事者の行為能力の制限以外の事由により、その効力を有しないこと。
	三　当事者が、仲裁人の選任手続又は仲裁手続（暫定保全措置命令に関する部分に限る。次号及び第六号において同じ。）において、仲裁地が属する国の法令の規定（その法令の公の秩序に関しない規定に関する事項について当事者間に合意があるときは、当該合意）により必要とされる通知を受けなかったこと。
	四　当事者が、仲裁手続において防御することが不可能であったこと。
	五　暫定保全措置命令が、仲裁合意若しくは暫定保全措置命令に関する別段の合意又は暫定保全措置命令の申立ての範囲を超える事項について発せられたものであること。
	六　仲裁廷の構成又は仲裁手続が、仲裁地が属する国の法令の規定（その法令の公の秩序に関しない規定に関する事項について当事者間に合意があるときは、当該合意）に違反するものであったこと。
	七　仲裁廷が暫定保全措置命令の申立てをした者に対して相当な担保を提供すべきことを命じた場合において、その

民事訴訟法等の一部を改正する法律（令和 4 年法律第 48 号）による改正後	民事関係手続等における情報通信技術の活用等の推進を図るための関係法律の整備に関する法律（令和 5 年法律第 53 号）による改正後

仲裁法の一部を改正する法律（令和5年法律第15号）による改正前	仲裁法の一部を改正する法律（令和5年法律第15号）による改正後
	者が当該命令に違反し、相当な担保を提供していないこと。 八　暫定保全措置命令が、仲裁廷又は第三項に規定する裁判機関により、取り消され、変更され、又はその効力を停止されたこと。 九　仲裁手続における申立てが、日本の法令によれば、仲裁合意の対象とすることができない紛争に関するものであること。 十　暫定保全措置命令の内容が、日本における公の秩序又は善良の風俗に反すること。 8　前項第五号に掲げる事由がある場合において、当該暫定保全措置命令から同号に規定する事項に関する部分を区分することができるときは、当該部分及び当該暫定保全措置命令のその他の部分をそれぞれ独立した暫定保全措置命令とみなして、同項の規定を適用する。 9　執行等認可決定は、確定しなければその効力を生じない。 10　第四十四条第四項及び第七項の規定は、第一項の申立てについての決定について準用する。 （暫定保全措置命令に基づく民事執行） 第四十八条　暫定保全措置命令（第二十四条第一項第三号に掲げる措置を講ずることを命ずるものに限る。）は、前条の規定による執行等認可決定がある場合に限り、当該暫定保全措置命令に基づく民事執行をすることができる。
（規定なし）	

民事訴訟法等の一部を改正する法律（令和 4 年法律第 48 号）による改正後	民事関係手続等における情報通信技術の活用等の推進を図るための関係法律の整備に関する法律（令和 5 年法律第 53 号）による改正後
	10　第四十六条第四項及び第七項の規定は、第一項の申立てについての決定について準用する。
（暫定保全措置命令に基づく民事執行） 第四十八条　（略）	（暫定保全措置命令に基づく民事執行） 第五十条　暫定保全措置命令（第二十六条第一項第三号に掲げる措置を講ずることを命ずるものに限る。）は、前条の規定による執行等認可決定がある場合に限り、当該暫定保全措置命令に基づく民事執行をすることができる。

仲裁法の一部を改正する法律（令和5年法律第15号）による改正前	仲裁法の一部を改正する法律（令和5年法律第15号）による改正後
（規定なし）	（暫定保全措置命令に係る違反金支払命令） 第四十九条　裁判所は、暫定保全措置命令（第二十四条第一項第一号、第二号、第四号又は第五号に掲げる措置を講ずることを命ずるものに限る。以下この条において同じ。）について確定した執行等認可決定がある場合において、当該暫定保全措置命令を受けた者（以下この条において「被申立人」という。）がこれに違反し、又は違反するおそれがあると認めるときは、当該暫定保全措置命令の申立てをした者（第六項において「申立人」という。）の申立てにより、当該暫定保全措置命令の違反によって害されることとなる利益の内容及び性質並びにこれが害される態様及び程度を勘案して相当と認める一定の額の金銭の支払（被申立人が暫定保全措置命令に違反するおそれがあると認める場合にあっては、被申立人が当該暫定保全措置命令に違反したことを条件とする金銭の支払）を命ずることができる。 2　裁判所は、前項の規定にかかわらず、同項の規定による金銭の支払命令（以下この条において「違反金支払命令」という。）を、執行等認可決定と同時にすることができる。この場合においては、違反金支払命令は、執行等認可決定が確定するまでは、確定しないものとする。 3　第一項の申立てに係る事件は、第五条第一項及び第二項の規定にかかわらず、執行等認可決定をした裁判所及び第四十七条第一項の申立て（同項第二号に係る

民事訴訟法等の一部を改正する法律（令和 4 年法律第 48 号）による改正後	民事関係手続等における情報通信技術の活用等の推進を図るための関係法律の整備に関する法律（令和 5 年法律第 53 号）による改正後
（暫定保全措置命令に係る違反金支払命令） 第四十九条　（略）	（暫定保全措置命令に係る違反金支払命令） 第五十一条　裁判所は、暫定保全措置命令（第二十六条第一項第一号、第二号、第四号又は第五号に掲げる措置を講ずることを命ずるものに限る。以下この条において同じ。）について確定した執行等認可決定がある場合において、当該暫定保全措置命令を受けた者（以下この条において「被申立人」という。）がこれに違反し、又は違反するおそれがあると認めるときは、当該暫定保全措置命令の申立てをした者（第六項において「申立人」という。）の申立てにより、当該暫定保全措置命令の違反によって害されることとなる利益の内容及び性質並びにこれが害される態様及び程度を勘案して相当と認める一定の額の金銭の支払（被申立人が暫定保全措置命令に違反するおそれがあると認める場合にあっては、被申立人が当該暫定保全措置命令に違反したことを条件とする金銭の支払）を命ずることができる。
2 ～ 8　（略）	2　（略）
	3　第一項の申立てに係る事件は、第五条第一項及び第二項の規定にかかわらず、執行等認可決定をした裁判所及び第四十九条第一項の申立て（同項第二号に係る

仲裁法の一部を改正する法律（令和5年法律第15号）による改正前	仲裁法の一部を改正する法律（令和5年法律第15号）による改正後
	ものに限る。次項において同じ。）に係る事件が係属する裁判所の管轄に専属する。 <u>4　裁判所は、第二項前段の規定に基づき、違反金支払命令を執行等認可決定と同時にした場合において、執行等認可決定を取り消す裁判が確定したとき又は第四十七条第一項の申立てが取り下げられたときは、職権で、違反金支払命令を取り消さなければならない。</u> <u>5　違反金支払命令は、確定しなければその効力を生じない。</u> <u>6　違反金支払命令により命じられた金銭の支払があった場合において、暫定保全措置命令の違反により生じた損害の額が支払額を超えるときは、申立人は、その超える額について損害賠償の請求をすることを妨げられない。</u> <u>7　違反金支払命令が発せられた後に、仲裁廷又は第四十七条第三項に規定する裁判機関により、暫定保全措置命令が取り消され、変更され、又はその効力を停止されたときは、違反金支払命令を発した裁判所は、被申立人の申立てにより、違反金支払命令を取り消すことができる。</u> <u>8　第四十七条第三項の規定は第一項の申立てについて、第四十四条第四項及び第七項の規定は第一項及び前項の申立てについての決定について、それぞれ準用する。</u>
第四十七条・第四十八条　（略）	<u>第五十条・第五十一条　（略）</u>

民事訴訟法等の一部を改正する法律（令和 4 年法律第 48 号）による改正後	民事関係手続等における情報通信技術の活用等の推進を図るための関係法律の整備に関する法律（令和 5 年法律第 53 号）による改正後
	ものに限る。次項において同じ。）に係る事件が係属する裁判所の管轄に専属する。 4　裁判所は、第二項前段の規定に基づき、違反金支払命令を執行等認可決定と同時にした場合において、執行等認可決定を取り消す裁判が確定したとき又は第四十九条第一項の申立てが取り下げられたときは、職権で、違反金支払命令を取り消さなければならない。 5・6　（略） 7　違反金支払命令が発せられた後に、仲裁廷又は第四十九条第三項に規定する裁判機関により、暫定保全措置命令が取り消され、変更され、又はその効力を停止されたときは、違反金支払命令を発した裁判所は、被申立人の申立てにより、違反金支払命令を取り消すことができる。 8　第四十九条第三項の規定は第一項の申立てについて、第四十六条第四項及び第七項の規定は第一項及び前項の申立てについての決定について、それぞれ準用する。
第五十条・第五十一条　（略）	第五十二条・第五十三条　（略）

仲裁法の一部を改正する法律（令和5年法律第15号）による改正前	仲裁法の一部を改正する法律（令和5年法律第15号）による改正後
（仲裁費用の分担） 第四十九条　（略） 2～4　（略） 5　第三十九条の規定は、前項の決定について準用する。 第五十条～第五十三条　（略） （贈賄） 第五十四条　第五十条から第五十二条までに規定する賄賂を供与し、又はその申込み若しくは約束をした者は、三年以下の懲役又は二百五十万円以下の罰金に処する。 （国外犯） 第五十五条　第五十条から第五十三条までの規定は、日本国外において第五十条から第五十二条までの罪を犯した者にも適用する。 2　（略） 　　　附　則 （消費者と事業者との間に成立した仲裁合意に関する特例） 第三条　（略） 2　（略） 3　事業者が消費者仲裁合意に基づく仲裁手続の仲裁申立人となる場合においては、当該事業者は、仲裁廷が構成された後遅滞なく、第三十二条第一項の規定による口頭審理の実施の申立てをしなければならない。この場合において、仲裁廷は、口頭審理を実施する旨を決定し、当	（仲裁費用の分担） 第五十二条　（略） 2～5　（略） 第五十三条～第五十六条　（略） （贈賄） 第五十七条　第五十三条から第五十五条までに規定する賄賂を供与し、又はその申込み若しくは約束をした者は、三年以下の懲役又は二百五十万円以下の罰金に処する。 （国外犯） 第五十八条　第五十三条から第五十六条までの規定は、日本国外において第五十三条から第五十五条までの罪を犯した者にも適用する。 2　（略） 　　　附　則 （消費者と事業者との間に成立した仲裁合意に関する特例） 第三条　（略） 2～7　（略）

民事訴訟法等の一部を改正する法律（令和 4 年法律第 48 号）による改正後	民事関係手続等における情報通信技術の活用等の推進を図るための関係法律の整備に関する法律（令和 5 年法律第 53 号）による改正後
（仲裁費用の分担） 第五十二条　（略） 2 ～ 5　（略）	（仲裁費用の分担） 第五十四条　（略） 2 ～ 4　（略） 5　第四十一条の規定は、前項の決定について準用する。
第五十三条～第五十六条　（略）	第五十五条～第五十八条　（略）
（贈賄） 第五十七条　（略）	（贈賄） 第五十九条　第五十五条から第五十七条までに規定する賄賂を供与し、又はその申込み若しくは約束をした者は、三年以下の拘禁刑又は二百五十万円以下の罰金に処する。
（国外犯） 第五十八条　（略）	（国外犯） 第六十条　第五十五条から第五十八条までの規定は、日本国外において第五十五条から第五十七条までの罪を犯した者にも適用する。
2　（略）	2　（略）
附　　則 （消費者と事業者との間に成立した仲裁合意に関する特例） 第三条　（略） 2 ～ 7　（略）	附　　則 （消費者と事業者との間に成立した仲裁合意に関する特例） 第三条　（略） 2　（略） 3　事業者が消費者仲裁合意に基づく仲裁手続の仲裁申立人となる場合においては、当該事業者は、仲裁廷が構成された後遅滞なく、第三十四条第一項の規定による口頭審理の実施の申立てをしなければならない。この場合において、仲裁廷は、口頭審理を実施する旨を決定し、当

仲裁法の一部を改正する法律（令和5年法律第15号）による改正前	仲裁法の一部を改正する法律（令和5年法律第15号）による改正後
事者双方にその日時及び場所を通知しなければならない。 4〜7　（略） （仲裁廷に対する忌避の申立てに関する経過措置） 第七条　前二条に定めるもののほか、当事者が、この法律の施行前に、仲裁廷が構成されたこと及び仲裁人に第十八条第一項各号に掲げる事由のいずれかがあることを知った場合における第十九条第三項の規定の適用については、同項中「仲裁廷が構成されたことを知った日又は前条第一項各号に掲げる事由のいずれかがあることを知った日のいずれか遅い日」とあるのは、「この法律の施行の日」とする。	（仲裁廷に対する忌避の申立てに関する経過措置） 第七条　（略）

民事訴訟法等の一部を改正する法律（令和 4 年法律第 48 号）による改正後	民事関係手続等における情報通信技術の活用等の推進を図るための関係法律の整備に関する法律（令和 5 年法律第 53 号）による改正後
	事者双方にその日時及び場所を通知しなければならない。 4〜7　（略）
（仲裁廷に対する忌避の申立てに関する経過措置） 第七条　（略）	（仲裁廷に対する忌避の申立てに関する経過措置） 第七条　前二条に定めるもののほか、当事者が、この法律の施行前に、仲裁廷が構成されたこと及び仲裁人に<u>第二十条第一項各号</u>に掲げる事由のいずれかがあることを知った場合における<u>第二十一条第三項</u>の規定の適用については、同項中「仲裁廷が構成されたことを知った日又は前条第一項各号に掲げる事由のいずれかがあることを知った日のいずれか遅い日」とあるのは、「この法律の施行の日」とする。

資料4　調停による国際的な和解合意に関する国際連合条約の実施に関する法律
　　　　（令和5年法律第16号）　新旧対照条文

（下線部分は改正部分）

調停による国際的な和解合意に関する国際連合条約の実施に関する法律（令和5年法律第16号） 【令和6年4月1日に施行】	民事関係手続等における情報通信技術の活用等の推進を図るための関係法律の整備に関する法律（令和5年法律第53号）による改正後 【公布の日（令和5年6月14日）から起算して5年を超えない範囲内において政令で定める日に施行】
（趣旨） 第一条　この法律は、調停による国際的な和解合意に関する国際連合条約（以下「条約」という。）の実施に関し必要な事項を定めるものとする。	（趣旨） 第一条　（略）
（定義） 第二条　この法律において「調停」とは、その名称や開始の原因となる事実のいかんにかかわらず、一定の法律関係（契約に基づくものであるかどうかを問わない。）に関する民事又は商事の紛争の解決をしようとする紛争の当事者のため、当事者に対して紛争の解決を強制する権限を有しない第三者が和解の仲介を実施し、その解決を図る手続をいう。	（定義） 第二条　（略）
2　この法律において「調停人」とは、調停において和解の仲介を実施する者をいう。	2・3　（略）
3　この法律において「国際和解合意」とは、調停において当事者間に成立した合意であって、合意が成立した当時において次の各号に掲げる事由のいずれかに該当するものをいう。 　一　当事者の全部又は一部が日本国外に住所又は主たる事務所若しくは営業所を有するとき（当事者の全部又は一部	

調停による国際的な和解合意に関する国際連合条約の実施に関する法律（令和 5 年法律第 16 号）	民事関係手続等における情報通信技術の活用等の推進を図るための関係法律の整備に関する法律（令和 5 年法律第 53 号）による改正後
の発行済株式（議決権のあるものに限る。）又は出資の総数又は総額の百分の五十を超える数又は額の株式（議決権のあるものに限る。）又は持分を有する者その他これと同等のものとして法務省令で定める者が日本国外に住所又は主たる事務所若しくは営業所を有するときを含む。）。 二　当事者の全部又は一部が互いに異なる国に住所又は事務所若しくは営業所（当事者が二以上の事務所又は営業所を有する場合にあっては、合意が成立した当時において当事者が知っていたか、又は予見することのできた事情に照らして、合意によって解決された紛争と最も密接な関係がある事務所又は営業所。次号において同じ。）を有するとき。 三　当事者の全部又は一部が住所又は事務所若しくは営業所を有する国が、合意に基づく債務の重要な部分の履行地又は合意の対象である事項と最も密接な関係がある地が属する国と異なるとき。 （適用範囲） 第三条　この法律の規定は、国際和解合意の当事者が、条約又は条約の実施に関する法令に基づき民事執行をすることができる旨の合意をした場合について、適用する。 （適用除外） 第四条　この法律の規定は、次に掲げる国	 （適用範囲） 第三条　（略） （適用除外） 第四条　（略）

調停による国際的な和解合意に関する国際連合条約の実施に関する法律（令和5年法律第16号）	民事関係手続等における情報通信技術の活用等の推進を図るための関係法律の整備に関する法律（令和5年法律第53号）による改正後
際和解合意については、適用しない。 一　民事上の契約又は取引のうち、その当事者の全部又は一部が個人（事業として又は事業のために契約又は取引の当事者となる場合におけるものを除く。）であるものに関する紛争に係る国際和解合意 二　個別労働関係紛争（個別労働関係紛争の解決の促進に関する法律（平成十三年法律第百十二号）第一条に規定する個別労働関係紛争をいう。）に係る国際和解合意 三　人事に関する紛争その他家庭に関する紛争に係る国際和解合意 四　外国の裁判所の認可を受け、又は日本若しくは外国の裁判所の手続において成立した国際和解合意であって、その裁判所が属する国でこれに基づく強制執行をすることができるもの 五　仲裁判断としての効力を有する国際和解合意であって、これに基づく強制執行をすることができるもの	
（国際和解合意の執行決定） 第五条　国際和解合意に基づいて民事執行をしようとする当事者は、債務者を被申立人として、裁判所に対し、執行決定（国際和解合意に基づく民事執行を許す旨の決定をいう。以下同じ。）を求める申立てをしなければならない。 2　前項の申立てをする者（以下この条において「申立人」という。）は、次に掲げる書面を提出しなければならない。 一　当事者が作成した国際和解合意の内	（国際和解合意の執行決定） 第五条　（略） 2　（略）

調停による国際的な和解合意に関する国際連合条約の実施に関する法律（令和 5 年法律第 16 号）	民事関係手続等における情報通信技術の活用等の推進を図るための関係法律の整備に関する法律（令和 5 年法律第 53 号）による改正後
容が記載された書面 　二　調停人その他調停に関する記録の作成、保存その他の管理に関する事務を行う者が作成した国際和解合意が調停において成立したものであることを証明する書面 3　前項の書面については、これに記載すべき事項を記録した電磁的記録（電子的方式、磁気的方式その他人の知覚によっては認識することができない方式で作られる記録であって、電子計算機による情報処理の用に供されるものをいう。次項において同じ。）に係る記録媒体の提出をもって、当該書面の提出に代えることができる。この場合において、当該記録媒体を提出した申立人は、当該書面を提出したものとみなす。 4　申立人は、前二項の規定により書面又は記録媒体を提出するときは、併せて、当該書面（日本語で作成されたものを除く。）又は当該記録媒体に係る電磁的記録（日本語で作成されたものを除く。）の日本語による翻訳文を提出しなければならない。ただし、裁判所は、相当と認めるときは、被申立人の意見を聴いて、当該書面又は当該電磁的記録の全部又は一部について日本語による翻訳文を提出することを要しないものとすることができる。 5　第一項の申立てを受けた裁判所は、他の裁判機関又は仲裁廷に対して当該国際和解合意に関する他の申立てがあった場	3　前項の書面については、これに記載すべき事項を記録した電磁的記録（電子的方式、磁気的方式その他人の知覚によっては認識することができない方式で作られる記録であって、電子計算機による情報処理の用に供されるものをいう。<u>以下</u>同じ。）の提出をもって、当該書面の提出に代えることができる。この場合において、<u>当該電磁的記録を提出した申立人</u>は、当該書面を提出したものとみなす。 4　申立人は、前二項の規定により書面<u>又は電磁的記録</u>を提出するときは、併せて、当該書面（日本語で作成されたものを除く。）又は当該<u>電磁的記録</u>（日本語で作成されたものを除く。）の日本語による<u>翻訳文又は翻訳の内容を記録した電磁的記録</u>を提出しなければならない。ただし、裁判所は、相当と認めるときは、被申立人の意見を聴いて、<u>前二項の規定により提出すべき書面又は電磁的記録</u>の全部又は一部について日本語による翻訳<u>文又は翻訳の内容を記録した電磁的記録</u>を提出することを要しないものとすることができる。 5〜14　（略）

調停による国際的な和解合意に関する国際連合条約の実施に関する法律（令和5年法律第16号）	民事関係手続等における情報通信技術の活用等の推進を図るための関係法律の整備に関する法律（令和5年法律第53号）による改正後
合において、必要があると認めるときは、同項の申立てに係る手続を中止することができる。この場合において、裁判所は、申立人の申立てにより、被申立人に対し、担保を立てるべきことを命ずることができる。 6　第一項の申立てに係る事件は、次に掲げる裁判所の管轄に専属する。 　一　当事者が合意により定めた地方裁判所 　二　当該事件の被申立人の普通裁判籍の所在地を管轄する地方裁判所 　三　請求の目的又は差し押さえることができる被申立人の財産の所在地を管轄する地方裁判所 　四　東京地方裁判所及び大阪地方裁判所（被申立人の普通裁判籍の所在地又は請求の目的若しくは差し押さえることができる被申立人の財産の所在地が日本国内にある場合に限る。） 7　前項の規定により二以上の裁判所が管轄権を有するときは、先に申立てがあった裁判所が管轄する。 8　裁判所は、第一項の申立てに係る事件の全部又は一部がその管轄に属しないと認めるときは、申立てにより又は職権で、これを管轄裁判所に移送しなければならない。 9　裁判所は、第七項の規定により管轄する事件について、相当と認めるときは、申立てにより又は職権で、当該事件の全部又は一部を同項の規定により管轄権を有しないこととされた裁判所に移送することができる。	

調停による国際的な和解合意に関する国際連合条約の実施に関する法律（令和 5 年法律第 16 号）	民事関係手続等における情報通信技術の活用等の推進を図るための関係法律の整備に関する法律（令和 5 年法律第 53 号）による改正後
10　前二項の規定による決定に対しては、その告知を受けた日から二週間の不変期間内に、即時抗告をすることができる。 11　裁判所は、次項の規定により第一項の申立てを却下する場合を除き、執行決定をしなければならない。 12　裁判所は、第一項の申立てがあった場合において、次の各号に掲げる事由のいずれかがあると認めるとき（第一号から第六号までに掲げる事由にあっては、被申立人が当該事由の存在を証明した場合に限る。）に限り、当該申立てを却下することができる。 　一　国際和解合意が、当事者の行為能力の制限により、その効力を有しないこと。 　二　国際和解合意が、当事者が合意により国際和解合意に適用すべきものとして有効に指定した法令（当該指定がないときは、裁判所が国際和解合意について適用すべきものと判断する法令）によれば、当事者の行為能力の制限以外の事由により、その効力を有しないこと。 　三　国際和解合意に基づく債務の内容を特定することができないこと。 　四　国際和解合意に基づく債務の全部が履行その他の事由により消滅したこと。 　五　調停人が、法令その他当事者間の合意により当該調停人又は当該調停人が実施する調停に適用される準則（公の秩序に関しないものに限る。）に違反した場合であって、その違反する事実が重大であり、かつ、当該国際和解合	

調停による国際的な和解合意に関する国際連合条約の実施に関する法律（令和 5 年法律第 16 号）	民事関係手続等における情報通信技術の活用等の推進を図るための関係法律の整備に関する法律（令和 5 年法律第 53 号）による改正後
意の成立に影響を及ぼすものであること。 　六　調停人が、当事者に対し、自己の公正性又は独立性に疑いを生じさせるおそれのある事実を開示しなかった場合であって、当該事実が重大であり、かつ、当該国際和解合意の成立に影響を及ぼすものであること。 　七　国際和解合意の対象である事項が、日本の法令によれば、和解の対象とすることができない紛争に関するものであること。 　八　国際和解合意に基づく民事執行が、日本における公の秩序又は善良の風俗に反すること。 13　裁判所は、口頭弁論又は当事者双方が立ち会うことができる審尋の期日を経なければ、第一項の申立てについての決定をすることができない。 14　第一項の申立てについての決定に対しては、その告知を受けた日から二週間の不変期間内に、即時抗告をすることができる。 （任意的口頭弁論） 第六条　執行決定の手続に関する裁判は、口頭弁論を経ないですることができる。 （事件の記録の閲覧等） 第七条　執行決定の手続について利害関係を有する者は、裁判所書記官に対し、次に掲げる事項を請求することができる。 　一　事件の記録の閲覧又は謄写 　二　事件の記録中の電子的方式、磁気的	 （任意的口頭弁論） 第六条　（略） （非電磁的事件記録の閲覧等） 第七条　執行決定の手続について利害関係を有する者（以下「利害関係者」という。）は、裁判所書記官に対し、非電磁的事件記録（事件の記録中次条第一項に規定する電磁的事件記録を除いた部分を

調停による国際的な和解合意に関する国際連合条約の実施に関する法律（令和5年法律第16号）	民事関係手続等における情報通信技術の活用等の推進を図るための関係法律の整備に関する法律（令和5年法律第53号）による改正後
方式その他人の知覚によっては認識することができない方式で作られた記録の複製 三　事件の記録の正本、謄本又は抄本の交付 四　事件に関する事項の証明書の交付	いう。以下この条において同じ。）の閲覧又は謄写を請求することができる。 2　利害関係者は、裁判所書記官に対し、非電磁的事件記録の正本、謄本又は抄本の交付を請求することができる。 3　前二項の規定は、非電磁的事件記録中の録音テープ又はビデオテープ（これらに準ずる方法により一定の事項を記録した物を含む。）に関しては、適用しない。この場合において、利害関係者は、裁判所書記官に対し、これらの物の複製を請求することができる。 4　民事訴訟法（平成八年法律第百九号）第九十一条第五項の規定は、第一項及び前項の規定による請求について準用する。
（期日の呼出し） 第八条　執行決定の手続における期日の呼出しは、呼出状の送達、当該事件について出頭した者に対する期日の告知その他相当と認める方法によってする。 2　呼出状の送達及び当該事件について出頭した者に対する期日の告知以外の方法による期日の呼出しをしたときは、期日に出頭しない者に対し、法律上の制裁その他期日の不遵守による不利益を帰することができない。ただし、その者が期日の呼出しを受けた旨を記載した書面を提出したときは、この限りでない。	（電磁的事件記録の閲覧等） 第八条　利害関係者は、裁判所書記官に対し、最高裁判所規則で定めるところにより、電磁的事件記録（事件の記録中この法律その他の法令の規定により裁判所の使用に係る電子計算機（入出力装置を含む。以下この条及び次条において同じ。）に備えられたファイルに記録された事項に係る部分をいう。以下この条において同じ。）の内容を最高裁判所規則で定める方法により表示したものの閲覧を請求することができる。 2　利害関係者は、裁判所書記官に対し、電磁的事件記録に記録されている事項について、最高裁判所規則で定めるところにより、最高裁判所規則で定める電子情報処理組織（裁判所の使用に係る電子計算機と手続の相手方の使用に係る電子計

調停による国際的な和解合意に関する国際連合条約の実施に関する法律（令和5年法律第16号）	民事関係手続等における情報通信技術の活用等の推進を図るための関係法律の整備に関する法律（令和5年法律第53号）による改正後
	算機とを電気通信回線で接続した電子情報処理組織をいう。次項及び次条において同じ。）を使用してその者の使用に係る電子計算機に備えられたファイルに記録する方法その他の最高裁判所規則で定める方法による複写を請求することができる。 　3　利害関係者は、裁判所書記官に対し、最高裁判所規則で定めるところにより、電磁的事件記録に記録されている事項の全部若しくは一部を記載した書面であって裁判所書記官が最高裁判所規則で定める方法により当該書面の内容が電磁的事件記録に記録されている事項と同一であることを証明したものを交付し、又は当該事項の全部若しくは一部を記録した電磁的記録であって裁判所書記官が最高裁判所規則で定める方法により当該電磁的記録の内容が電磁的事件記録に記録されている事項と同一であることを証明したものを最高裁判所規則で定める電子情報処理組織を使用してその者の使用に係る電子計算機に備えられたファイルに記録する方法その他の最高裁判所規則で定める方法により提供することを請求することができる。 　4　民事訴訟法第九十一条第五項の規定は、第一項及び第二項の規定による請求について準用する。
（公示送達の方法） 第九条　執行決定の手続における公示送達は、裁判所書記官が送達すべき書類を保管し、いつでも送達を受けるべき者に交	（事件に関する事項の証明） 第九条　利害関係者は、裁判所書記官に対し、最高裁判所規則で定めるところにより、事件に関する事項を記載した書面で

調停による国際的な和解合意に関する国際連合条約の実施に関する法律（令和 5 年法律第 16 号）	民事関係手続等における情報通信技術の活用等の推進を図るための関係法律の整備に関する法律（令和 5 年法律第 53 号）による改正後
付すべき旨を裁判所の掲示場に掲示してする。	<u>あって裁判所書記官が最高裁判所規則で定める方法により当該事項を証明したものを交付し、又は当該事項を記録した電磁的記録であって裁判所書記官が最高裁判所規則で定める方法により当該事項を証明したものを最高裁判所規則で定める電子情報処理組織を使用してその者の使用に係る電子計算機に備えられたファイルに記録する方法その他の最高裁判所規則で定める方法により提供することを請求することができる。</u>
（電子情報処理組織による申立て等） 第十条　執行決定の手続における申立てその他の申述（以下この条において「申立て等」という。）のうち、当該申立て等に関するこの法律その他の法令の規定により書面等（書面、書類、文書、謄本、抄本、正本、副本、複本その他文字、図形等人の知覚によって認識することができる情報が記載された紙その他の有体物をいう。次項及び第四項において同じ。）をもってするものとされているものであって、最高裁判所の定める裁判所に対してするもの（当該裁判所の裁判長、受命裁判官、受託裁判官又は裁判所書記官に対してするものを含む。）については、当該法令の規定にかかわらず、最高裁判所規則で定めるところにより、電子情報処理組織（裁判所の使用に係る電子計算機（入出力装置を含む。以下この項及び第三項において同じ。）と申立て等をする者の使用に係る電子計算機とを電気通信回線で接続した電子情報処理組織	（削る）

調停による国際的な和解合意に関する国際連合条約の実施に関する法律（令和5年法律第16号）	民事関係手続等における情報通信技術の活用等の推進を図るための関係法律の整備に関する法律（令和5年法律第53号）による改正後
をいう。）を用いてすることができる。 2　前項の規定によりされた申立て等については、当該申立て等を書面等をもってするものとして規定した申立て等に関する法令の規定に規定する書面等をもってされたものとみなして、当該申立て等に関する法令の規定を適用する。 3　第一項の規定によりされた申立て等は、同項の裁判所の使用に係る電子計算機に備えられたファイルへの記録がされた時に、当該裁判所に到達したものとみなす。 4　第一項の場合において、当該申立て等に関する他の法令の規定により署名等（署名、記名、押印その他氏名又は名称を書面等に記載することをいう。以下この項において同じ。）をすることとされているものについては、当該申立て等をする者は、当該法令の規定にかかわらず、当該署名等に代えて、最高裁判所規則で定めるところにより、氏名又は名称を明らかにする措置を講じなければならない。 5　第一項の規定によりされた申立て等が第三項に規定するファイルに記録されたときは、第一項の裁判所は、当該ファイルに記録された情報の内容を書面に出力しなければならない。 6　第一項の規定によりされた申立て等に係るこの法律その他の法令の規定による事件の記録の閲覧若しくは謄写又はその正本、謄本若しくは抄本の交付は、前項の書面をもってするものとする。当該申立て等に係る書類の送達又は送付も、同	

調停による国際的な和解合意に関する国際連合条約の実施に関する法律（令和 5 年法律第 16 号）	民事関係手続等における情報通信技術の活用等の推進を図るための関係法律の整備に関する法律（令和 5 年法律第 53 号）による改正後
様とする。 （裁判書） 第十一条　執行決定の手続に係る裁判の裁判書を作成する場合には、当該裁判書には、当該裁判に係る主文、当事者及び法定代理人並びに裁判所を記載しなければならない。 2　前項の裁判書を送達する場合には、当該送達は、当該裁判書の正本によってする。 （民事訴訟法の準用） 第十二条　特別の定めがある場合を除き、執行決定の手続に関しては、その性質に反しない限り、民事訴訟法（平成八年法律第百九号）第一編から第四編までの規定（同法第七十一条第二項、第九十一条の二、第九十二条第九項及び第十項、第九十二条の二第二項、第九十四条、第百条第二項、第一編第五章第四節第三款、第百十一条、第一編第七章、第百三十三条の二第五項及び第六項、第百三十三条の三第二項、第百五十一条第三項、第百六十条第二項、第百八十五条第三項、第二百五条第二項、第二百十五条第二項、第二百二十七条第二項並びに第二百三十二条の二の規定を除く。）を準用する。この場合において、別表の上欄に掲げる同法の規定中同表の中欄に掲げる字句は、それぞれ同表の下欄に掲げる字句に読み替えるものとする。	（削る） （民事訴訟法の準用） 第十条　特別の定めがある場合を除き、執行決定の手続に関しては、その性質に反しない限り、民事訴訟法第一編から第四編までの規定を準用する。この場合において、同法第百三十二条の十一第一項第二号中「第二条」とあるのは、「第九条において準用する同法第二条」と読み替えるものとする。

調停による国際的な和解合意に関する国際連合条約の実施に関する法律（令和 5 年法律第 16 号）	民事関係手続等における情報通信技術の活用等の推進を図るための関係法律の整備に関する法律（令和 5 年法律第 53 号）による改正後
（最高裁判所規則） 第十三条　この法律に定めるもののほか、執行決定の手続に関し必要な事項は、最高裁判所規則で定める。	（最高裁判所規則） 第十一条　（略）

資料 5　**裁判外紛争解決手続の利用の促進に関する法律（平成 16 年法律第 151
号）　新旧対照条文**

（波下線・下線部分はそれぞれの法律による改正部分）

裁判外紛争解決手続の利用の促進に関する法律の一部を改正する法律（令和 5 年法律第 17 号）による改正後 【令和 6 年 4 月 1 日施行】	民事関係手続等における情報通信技術の活用等の推進を図るための関係法律の整備に関する法律（令和 5 年法律第 53 号）による改正後 【公布の日（令和 5 年 6 月 14 日）から起算して 5 年を超えない範囲内において政令で定める日に施行】
（定義） 第二条　この法律において、次の各号に掲げる用語の意義は、それぞれ当該各号に定めるところによる。 　一　民間紛争解決手続　民間事業者が、紛争の当事者が和解をすることができる民事上の紛争について、紛争の当事者双方からの依頼を受け、当該紛争の当事者との間の契約に基づき、和解の仲介を行う裁判外紛争解決手続をいう。ただし、法律の規定により指定を受けた者が当該法律の規定による紛争の解決の業務として行う裁判外紛争解決手続で政令で定めるものを除く。 　二　手続実施者　民間紛争解決手続において和解の仲介を実施する者をいう。 　三　認証紛争解決手続　第五条の認証を受けた業務として行う民間紛争解決手続をいう。 　四　認証紛争解決事業者　第五条の認証を受け、認証紛争解決手続の業務を行う者をいう。 　五　特定和解　認証紛争解決手続において紛争の当事者間に成立した和解であって、当該和解に基づいて民事執行をすることができる旨の合意がされたものをいう。	（定義） 第二条　（略）

裁判外紛争解決手続の利用の促進に関する法律の一部を改正する法律（令和5年法律第17号）による改正後	民事関係手続等における情報通信技術の活用等の推進を図るための関係法律の整備に関する法律（令和5年法律第53号）による改正後
（認証の公示等） 第十一条　法務大臣は、第五条の認証をしたときは、認証紛争解決事業者の氏名又は名称及び住所を官報で公示しなければならない。	（認証の公示等） 第十一条　（略）
2　認証紛争解決事業者は、認証紛争解決手続を利用し、又は利用しようとする者に適正な情報を提供するため、法務省令で定めるところにより、認証紛争解決事業者である旨並びにその認証紛争解決手続の業務の内容及びその実施方法に係る事項であって法務省令で定めるものを、認証紛争解決手続の業務を行う事務所において見やすいように<u>掲示し、又はインターネットの利用その他の方法により公表</u>しなければならない。	2・3　（略）
3　認証紛争解決事業者でない者は、その名称中に認証紛争解決事業者であると誤認されるおそれのある文字を用い、又はその業務に関し、認証紛争解決事業者であると誤認されるおそれのある表示をしてはならない。	
（説明義務） 第十四条　認証紛争解決事業者は、認証紛争解決手続を実施する契約の締結に先立ち、紛争の当事者に対し、法務省令で定めるところにより、次に掲げる事項について、これを記載した書面を交付し、又はこれを記録した電磁的記録（電子的方式、磁気的方式その他人の知覚によっては認識することができない方式で作られる記録であって、電子計算機による情報処理の用に供されるものをいう。<u>第二十</u>	（説明義務） 第十四条　認証紛争解決事業者は、認証紛争解決手続を実施する契約の締結に先立ち、紛争の当事者に対し、法務省令で定めるところにより、次に掲げる事項について、これを記載した書面を交付し、又はこれを記録した電磁的記録（電子的方式、磁気的方式その他人の知覚によっては認識することができない方式で作られる記録であって、電子計算機による情報処理の用に供されるものをいう。<u>以下同</u>

裁判外紛争解決手続の利用の促進に関する法律の一部を改正する法律（令和5年法律第17号）による改正後	民事関係手続等における情報通信技術の活用等の推進を図るための関係法律の整備に関する法律（令和5年法律第53号）による改正後
<u>七条の二第三項において同じ。）を提供して説明をしなければならない。</u> 一　手続実施者の選任に関する事項 二　紛争の当事者が支払う報酬又は費用に関する事項 三　第六条第七号に規定する認証紛争解決手続の開始から終了に至るまでの標準的な手続の進行 四　前三号に掲げるもののほか、法務省令で定める事項	じ。）を提供して説明をしなければならない。 一～四　（略）
<u>（特定和解の執行決定）</u> <u>第二十七条の二　特定和解に基づいて民事執行をしようとする当事者は、債務者を被申立人として、裁判所に対し、執行決定（特定和解に基づく民事執行を許す旨の決定をいう。以下この章において同じ。）を求める申立てをしなければならない。</u> <u>2　前項の申立てをする者（次項及び第四項において「申立人」という。）は、次に掲げる書面を提出しなければならない。</u> <u>一　当事者が作成した特定和解の内容が記載された書面</u> <u>二　認証紛争解決事業者又は手続実施者が作成した特定和解が認証紛争解決手続において成立したものであることを証明する書面</u> <u>3　前項の書面については、これに記載すべき事項を記録した電磁的記録に係る記録媒体の提出をもって、当該書面の提出に代えることができる。この場合において、当該記録媒体を提出した申立人は、当該書面を提出したものとみなす。</u>	（特定和解の執行決定） 第二十八条　（略） 2　（略） 3　前項の書面については、これに記載すべき事項を記録した電磁的記録の提出をもって、当該書面の提出に代えることができる。この場合において、<u>当該電磁的記録を提出した申立人は、当該書面を提出したものとみなす。</u>

裁判外紛争解決手続の利用の促進に関する法律の一部を改正する法律（令和5年法律第17号）による改正後	民事関係手続等における情報通信技術の活用等の推進を図るための関係法律の整備に関する法律（令和5年法律第53号）による改正後
4　第一項の申立てを受けた裁判所は、他の裁判所又は仲裁廷に対して当該特定和解に関する他の申立てがあった場合において、必要があると認めるときは、同項の申立てに係る手続を中止することができる。この場合において、裁判所は、申立人の申立てにより、被申立人に対し、担保を立てるべきことを命ずることができる。 5　第一項の申立てに係る事件は、次に掲げる裁判所の管轄に専属する。 　一　当事者が合意により定めた地方裁判所 　二　当該事件の被申立人の普通裁判籍の所在地を管轄する地方裁判所 　三　請求の目的又は差し押さえることができる被申立人の財産の所在地を管轄する地方裁判所 6　前項の規定により二以上の裁判所が管轄権を有するときは、先に申立てがあった裁判所が管轄する。 7　裁判所は、第一項の申立てに係る事件の全部又は一部がその管轄に属しないと認めるときは、申立てにより又は職権で、これを管轄裁判所に移送しなければならない。 8　裁判所は、第六項の規定により管轄する事件について、相当と認めるときは、申立てにより又は職権で、当該事件の全部又は一部を同項の規定により管轄権を有しないこととされた裁判所に移送することができる。 9　前二項の規定による決定に対しては、その告知を受けた日から二週間の不変期	4〜13　（略）

裁判外紛争解決手続の利用の促進に関する法律の一部を改正する法律（令和 5 年法律第 17 号）による改正後	民事関係手続等における情報通信技術の活用等の推進を図るための関係法律の整備に関する法律（令和 5 年法律第 53 号）による改正後
間内に、即時抗告をすることができる。 10　裁判所は、次項の規定により第一項の申立てを却下する場合を除き、執行決定をしなければならない。 11　裁判所は、第一項の申立てがあった場合において、次の各号に掲げる事由のいずれかがあると認めるとき（第一号から第五号までに掲げる事由にあっては、被申立人が当該事由の存在を証明した場合に限る。）に限り、当該申立てを却下することができる。 一　特定和解が、無効、取消しその他の事由により効力を有しないこと。 二　特定和解に基づく債務の内容を特定することができないこと。 三　特定和解に基づく債務の全部が履行その他の事由により消滅したこと。 四　認証紛争解決事業者又は手続実施者がこの法律若しくはこの法律に基づく法務省令の規定又は認証紛争解決手続を実施する契約において定められた手続の準則（公の秩序に関しないものに限る。）に違反した場合であって、その違反する事実が重大であり、かつ、当該特定和解の成立に影響を及ぼすものであること。 五　手続実施者が、当事者に対し、自己の公正性又は独立性に疑いを生じさせるおそれのある事実を開示しなかった場合であって、当該事実が重大であり、かつ、当該特定和解の成立に影響を及ぼすものであること。 六　特定和解の対象である事項が、和解の対象とすることができない紛争に関	

裁判外紛争解決手続の利用の促進に関する法律の一部を改正する法律（令和5年法律第17号）による改正後	民事関係手続等における情報通信技術の活用等の推進を図るための関係法律の整備に関する法律（令和5年法律第53号）による改正後
するものであること。 　七　特定和解に基づく民事執行が、公の秩序又は善良の風俗に反すること。 12　裁判所は、口頭弁論又は当事者双方が立ち会うことができる審尋の期日を経なければ、第一項の申立てについての決定をすることができない。 13　第一項の申立てについての決定に対しては、その告知を受けた日から二週間の不変期間内に、即時抗告をすることができる。 （適用除外） 第二十七条の三　前条の規定は、次に掲げる特定和解については、適用しない。 　一　消費者（消費者契約法（平成十二年法律第六十一号）第二条第一項に規定する消費者をいう。）と事業者（同条第二項に規定する事業者をいう。）との間で締結される契約に関する紛争に係る特定和解 　二　個別労働関係紛争（個別労働関係紛争の解決の促進に関する法律（平成十三年法律第百十二号）第一条に規定する個別労働関係紛争をいう。）に係る特定和解 　三　人事に関する紛争その他家庭に関する紛争に係る特定和解（民事執行法（昭和五十四年法律第四号）第百五十一条の二第一項各号に掲げる義務に係る金銭債権に係るものを除く。） 　四　調停による国際的な和解合意に関する国際連合条約の実施に関する法律（令和五年法律第十六号）第二条第三	（適用除外） 第二十九条　（略）

裁判外紛争解決手続の利用の促進に関する法律の一部を改正する法律（令和 5 年法律第 17 号）による改正後	民事関係手続等における情報通信技術の活用等の推進を図るための関係法律の整備に関する法律（令和 5 年法律第 53 号）による改正後
項に規定する国際和解合意に該当する特定和解であって、同法の規定の適用を受けるもの （任意的口頭弁論） 第二十七条の四　執行決定の手続に関する裁判は、口頭弁論を経ないですることができる。 （事件の記録の閲覧等） 第二十七条の五　執行決定の手続について利害関係を有する者は、裁判所書記官に対し、次に掲げる事項を請求することができる。 一　事件の記録の閲覧又は謄写 二　事件の記録中の電子的方式、磁気的方式その他人の知覚によっては認識することができない方式で作られた記録の複製 三　事件の記録の正本、謄本又は抄本の交付 四　事件に関する事項の証明書の交付 （期日の呼出し） 第二十七条の六　執行決定の手続における期日の呼出しは、呼出状の送達、当該事件について出頭した者に対する期日の告知その他相当と認める方法によってする。 2　呼出状の送達及び当該事件について出頭した者に対する期日の告知以外の方法による期日の呼出しをしたときは、期日に出頭しない者に対し、法律上の制裁その他期日の不遵守による不利益を帰することができない。ただし、その者が期日	（任意的口頭弁論） 第三十条　（略） （削る） （削る）

裁判外紛争解決手続の利用の促進に関する法律の一部を改正する法律（令和 5 年法律第 17 号）による改正後	民事関係手続等における情報通信技術の活用等の推進を図るための関係法律の整備に関する法律（令和 5 年法律第 53 号）による改正後
の呼出しを受けた旨を記載した書面を提出したときは、この限りでない。	
（公示送達の方法） 第二十七条の七　執行決定の手続における公示送達は、裁判所書記官が送達すべき書類を保管し、いつでも送達を受けるべき者に交付すべき旨を裁判所の掲示場に掲示してする。	（削る）
（電子情報処理組織による申立て等） 第二十七条の八　執行決定の手続における申立てその他の申述（以下この条において「申立て等」という。）のうち、当該申立て等に関するこの法律その他の法令の規定により書面等（書面、書類、文書、謄本、抄本、正本、副本、複本その他文字、図形等人の知覚によって認識することができる情報が記載された紙その他の有体物をいう。次項及び第四項において同じ。）をもってするものとされているものであって、最高裁判所の定める裁判所に対してするもの（当該裁判所の裁判長、受命裁判官、受託裁判官又は裁判所書記官に対してするものを含む。）については、当該法令の規定にかかわらず、最高裁判所規則で定めるところにより、電子情報処理組織（裁判所の使用に係る電子計算機（入出力装置を含む。以下この項及び第三項において同じ。）と申立て等をする者の使用に係る電子計算機とを電気通信回線で接続した電子情報処理組織をいう。）を用いてすることができる。	（削る）

裁判外紛争解決手続の利用の促進に関する法律の一部を改正する法律（令和 5 年法律第 17 号）による改正後	民事関係手続等における情報通信技術の活用等の推進を図るための関係法律の整備に関する法律（令和 5 年法律第 53 号）による改正後
2　前項の規定によりされた申立て等については、当該申立て等を書面等をもってするものとして規定した申立て等に関する法令の規定に規定する書面等をもってされたものとみなして、当該申立て等に関する法令の規定を適用する。 3　第一項の規定によりされた申立て等は、同項の裁判所の使用に係る電子計算機に備えられたファイルへの記録がされた時に、当該裁判所に到達したものとみなす。 4　第一項の場合において、当該申立て等に関する他の法令の規定により署名等（署名、記名、押印その他氏名又は名称を書面等に記載することをいう。以下この項において同じ。）をすることとされているものについては、当該申立て等をする者は、当該法令の規定にかかわらず、当該署名等に代えて、最高裁判所規則で定めるところにより、氏名又は名称を明らかにする措置を講じなければならない。 5　第一項の規定によりされた申立て等が第三項に規定するファイルに記録されたときは、第一項の裁判所は、当該ファイルに記録された情報の内容を書面に出力しなければならない。 6　第一項の規定によりされた申立て等に係るこの法律その他の法令の規定による事件の記録の閲覧若しくは謄写又はその正本、謄本若しくは抄本の交付は、前項の書面をもってするものとする。当該申立て等に係る書類の送達又は送付も、同様とする。	

裁判外紛争解決手続の利用の促進に関する法律の一部を改正する法律（令和5年法律第17号）による改正後	民事関係手続等における情報通信技術の活用等の推進を図るための関係法律の整備に関する法律（令和5年法律第53号）による改正後
（裁判書） 第二十七条の九　執行決定の手続に係る裁判の裁判書を作成する場合には、当該裁判書には、当該裁判に係る主文、当事者及び法定代理人並びに裁判所を記載しなければならない。 2　前項の裁判書を送達する場合には、当該送達は、当該裁判書の正本によってする。	（削る）
（規定なし）	（非電磁的事件記録の閲覧等） 第三十一条　執行決定の手続について利害関係を有する者（以下「利害関係者」という。）は、裁判所書記官に対し、非電磁的事件記録（事件の記録中次条第一項に規定する電磁的事件記録を除いた部分をいう。以下この条において同じ。）の閲覧又は謄写を請求することができる。 2　利害関係者は、裁判所書記官に対し、非電磁的事件記録の正本、謄本又は抄本の交付を請求することができる。 3　前二項の規定は、非電磁的事件記録中の録音テープ又はビデオテープ（これらに準ずる方法により一定の事項を記録した物を含む。）に関しては、適用しない。この場合において、利害関係者は、裁判所書記官に対し、これらの物の複製を請求することができる。 4　民事訴訟法（平成八年法律第百九号）第九十一条第五項の規定は、第一項及び前項の規定による請求について準用する。
（規定なし）	（電磁的事件記録の閲覧等） 第三十二条　利害関係者は、裁判所書記官

裁判外紛争解決手続の利用の促進に関する法律の一部を改正する法律（令和5年法律第17号）による改正後	民事関係手続等における情報通信技術の活用等の推進を図るための関係法律の整備に関する法律（令和5年法律第53号）による改正後
	に対し、最高裁判所規則で定めるところにより、電磁的事件記録（事件の記録中この法律その他の法令の規定により裁判所の使用に係る電子計算機（入出力装置を含む。以下この条及び次条において同じ。）に備えられたファイルに記録された事項に係る部分をいう。以下この条において同じ。）の内容を最高裁判所規則で定める方法により表示したものの閲覧を請求することができる。 2　利害関係者は、裁判所書記官に対し、電磁的事件記録に記録されている事項について、最高裁判所規則で定めるところにより、最高裁判所規則で定める電子情報処理組織（裁判所の使用に係る電子計算機と手続の相手方の使用に係る電子計算機とを電気通信回線で接続した電子情報処理組織をいう。次項及び次条において同じ。）を使用してその者の使用に係る電子計算機に備えられたファイルに記録する方法その他の最高裁判所規則で定める方法による複写を請求することができる。 3　利害関係者は、裁判所書記官に対し、最高裁判所規則で定めるところにより、電磁的事件記録に記録されている事項の全部若しくは一部を記載した書面であって裁判所書記官が最高裁判所規則で定める方法により当該書面の内容が電磁的事件記録に記録されている事項と同一であることを証明したものを交付し、又は当該事項の全部若しくは一部を記録した電磁的記録であって裁判所書記官が最高裁判所規則で定める方法により当該電磁的

裁判外紛争解決手続の利用の促進に関する法律の一部を改正する法律（令和5年法律第17号）による改正後	民事関係手続等における情報通信技術の活用等の推進を図るための関係法律の整備に関する法律（令和5年法律第53号）による改正後
（規定なし）	記録の内容が電磁的事件記録に記録されている事項と同一であることを証明したものを最高裁判所規則で定める電子情報処理組織を使用してその者の使用に係る電子計算機に備えられたファイルに記録する方法その他の最高裁判所規則で定める方法により提供することを請求することができる。 4　民事訴訟法第九十一条第五項の規定は、第一項及び第二項の規定による請求について準用する。 （事件に関する事項の証明） 第三十三条　利害関係者は、裁判所書記官に対し、最高裁判所規則で定めるところにより、事件に関する事項を記載した書面であって裁判所書記官が最高裁判所規則で定める方法により当該事項を証明したものを交付し、又は当該事項を記録した電磁的記録であって裁判所書記官が最高裁判所規則で定める方法により当該事項を証明したものを最高裁判所規則で定める電子情報処理組織を使用してその者の使用に係る電子計算機に備えられたファイルに記録する方法その他の最高裁判所規則で定める方法により提供することを請求することができる。
（民事訴訟法の準用） 第二十七条の十　特別の定めがある場合を除き、執行決定の手続に関しては、その性質に反しない限り、民事訴訟法（平成八年法律第百九号）第一編から第四編までの規定（同法第七十一条第二項、第九	（民事訴訟法の準用） 第三十四条　特別の定めがある場合を除き、執行決定の手続に関しては、その性質に反しない限り、民事訴訟法第一編から第四編までの規定を準用する。この場合において、同法第百三十二条の十一第

裁判外紛争解決手続の利用の促進に関する法律の一部を改正する法律（令和5年法律第17号）による改正後	民事関係手続等における情報通信技術の活用等の推進を図るための関係法律の整備に関する法律（令和5年法律第53号）による改正後
十一条の二、第九十二条第九項及び第十項、第九十二条の二第二項、第九十四条、第百条第二項、第一編第五章第四節第三款、第百十一条、第一編第七章、第百三十三条の二第五項及び第六項、第百三十三条の三第二項、第百五十一条第三項、第百六十条第二項、第百八十五条第三項、第二百五条第二項、第二百十五条第二項、第二百二十七条第二項並びに第二百三十二条の二の規定を除く。）を準用する。この場合において、別表の上欄に掲げる同法の規定中同表の中欄に掲げる字句は、それぞれ同表の下欄に掲げる字句に読み替えるものとする。	一項第二号中「第二条」とあるのは、「第九条において準用する同法第二条」と読み替えるものとする。
（最高裁判所規則） 第二十七条の十一　この法律に定めるもののほか、執行決定の手続に関し必要な事項は、最高裁判所規則で定める。	（最高裁判所規則） 第三十五条　（略）
第二十八条～第三十一条　（略）	第三十六条～第三十九条　（略）
第三十二条　偽りその他不正の手段により第五条の認証又は第十二条第一項の変更の認証を受けたときは、当該違反行為をした者は、二年以下の懲役若しくは百万円以下の罰金に処し、又はこれを併科する。	第四十条　（略）
2　第十五条の規定に違反して暴力団員等をその認証紛争解決手続の業務に従事させ、又は当該業務の補助者として使用したときは、当該違反行為をした者は、一年以下の懲役若しくは百万円以下の罰金に処し、又はこれを併科する。	2・3　（略）

裁判外紛争解決手続の利用の促進に関する法律の一部を改正する法律（令和 5 年法律第 17 号）による改正後	民事関係手続等における情報通信技術の活用等の推進を図るための関係法律の整備に関する法律（令和 5 年法律第 53 号）による改正後
3　次の各号のいずれかに該当する場合には、当該違反行為をした者は、百万円以下の罰金に処する。 　一　第八条第一項の申請書若しくは同条第二項各号に掲げる書類又は第十二条第二項の申請書若しくは同条第三項の書類に虚偽の記載をして提出したとき。 　二　第十一条第三項の規定に違反したとき。	
第三十三条　（略）	第四十一条　（略）
第三十四条　次の各号のいずれかに該当する者は、五十万円以下の過料に処する。 　一　第十一条第二項の規定による掲示及び公表のいずれもせず、又は虚偽の掲示をし、若しくは虚偽の公表をした者 　二　第十三条第一項、第十七条第一項又は第十八条第一項の規定による届出をせず、又は虚偽の届出をした者 　三　第十六条の規定に違反して手続実施記録を作成せず、若しくは虚偽の手続実施記録を作成し、又は手続実施記録を保存しなかった者 　四　第十七条第三項、第十八条第二項又は第二十三条第五項の規定による通知をせず、又は虚偽の通知をした者 　五　第二十条の規定に違反して事業報告書、財産目録、貸借対照表若しくは収支計算書若しくは損益計算書を提出せず、又はこれらの書類に虚偽の記載をして提出した者 　六　第二十一条第一項の規定による報告をせず、又は虚偽の報告をした者	第四十二条　（略）

裁判外紛争解決手続の利用の促進に関する法律の一部を改正する法律（令和5年法律第17号）による改正後	民事関係手続等における情報通信技術の活用等の推進を図るための関係法律の整備に関する法律（令和5年法律第53号）による改正後
七　第二十二条第二項の規定による命令に違反した者 2　認証紛争解決事業者（法人にあってはその代表者、法人でない団体で代表者又は管理人の定めのあるものにあってはその代表者又は管理人）、その代理人、使用人その他の従業者が第二十一条第一項の規定による検査を拒み、妨げ、又は忌避したときは、五十万円以下の過料に処する。	2　（略）

資料6 調停による国際的な和解合意に関する国際連合条約（調停に関するシンガポール条約）　和英対照表

英　　文	和　　文
UNITED NATIONS CONVENTION ON INTERNATIONAL SETTLEMENT AGREEMENTS RESULTING FROM MEDIATION	調停による国際的な和解合意に関する国際連合条約
Preamble	前文
The Parties to this Convention,	この条約の締約国は、
Recognizing the value for international trade of mediation as a method for settling commercial disputes in which the parties in dispute request a third person or persons to assist them in their attempt to settle the dispute amicably,	商事紛争の当事者が当該紛争を友好的に解決する目的で第三者に支援を求める調停という解決方法の国際取引にとっての価値を認識し、
Noting that mediation is increasingly used in international and domestic commercial practice as an alternative to litigation,	調停が、国際的な及び国内の商慣行において、訴訟に代わるものとして一層利用されていることに留意し、
Considering that the use of mediation results in significant benefits, such as reducing the instances where a dispute leads to the termination of a commercial relationship, facilitating the administration of international transactions by commercial parties and producing savings in the administration of justice by States,	調停の利用により、紛争が商事上の関係の終了を引き起こす事案の減少、商事上の当事者による国際取引の運営の促進、国による司法の運営の省力化等の重大な利益がもたらされることを考慮し、
Convinced that the establishment of a framework for international settlement agreements resulting from mediation that is acceptable to States with different legal, social and economic systems would	異なる法的、社会的及び経済的な制度を有する国にとって受入れ可能な調停による国際的な和解合意のための枠組みを定めることが、調和のとれた国際経済関係の発展に寄与することを確信して、

英　文	和　文
contribute to the development of harmonious international economic relations,	
Have agreed as follows:	次のとおり協定した。
Article 1　Scope of application	第一条　適用範囲
1. This Convention applies to an agreement resulting from mediation and concluded in writing by parties to resolve a commercial dispute ("settlement agreement") which, at the time of its conclusion, is international in that:	1　この条約は、商事紛争を解決するために当事者が書面によって締結した調停による合意（以下「和解合意」という。）であって、その締結時に次のいずれかに該当するという点で、国際的であるものについて適用する。
(a) At least two parties to the settlement agreement have their places of business in different States; or	(a)　和解合意の二以上の当事者が異なる国に営業所を有すること。
(b) The State in which the parties to the settlement agreement have their places of business is different from either:	(b)　和解合意の当事者が営業所を有する国が次のいずれかの国と異なること。
(i) The State in which a substantial part of the obligations under the settlement agreement is performed; or	(i)　和解合意に基づく義務の実質的な部分が履行される国
(ii) The State with which the subject matter of the settlement agreement is most closely connected.	(ii)　和解合意の対象である事項と最も密接な関係を有する国
2. This Convention does not apply to settlement agreements:	2　この条約は、次の和解合意については、適用しない。
(a) Concluded to resolve a dispute arising from transactions engaged in by one of the parties (a consumer) for	(a)　当事者の一方（消費者）が個人、家族又は家庭に関する目的のために行った取引から生じた紛争を解決するために締結さ

英　文	和　文
personal, family or household purposes;	れたもの
(b) Relating to family, inheritance or employment law.	(b)　親族法、相続法又は雇用法に関するもの
3. This Convention does not apply to:	3　この条約は、次の和解合意については、適用しない。
(a) Settlement agreements:	(a)
(i) That have been approved by a court or concluded in the course of proceedings before a court; and	(i)　裁判所によって認可され、又は裁判所における手続の過程で締結され、かつ、
(ii) That are enforceable as a judgment in the State of that court;	(ii)　当該裁判所の属する国において判決と同様に執行することができるもの
(b) Settlement agreements that have been recorded and are enforceable as an arbitral award.	(b)　仲裁廷の裁定として記録され、かつ、執行することができるもの
Article 2　Definitions	第二条　定義
1. For the purposes of article 1, paragraph 1:	1　前条1の規定の適用上、
(a) If a party has more than one place of business, the relevant place of business is that which has the closest relationship to the dispute resolved by the settlement agreement, having regard to the circumstances known to, or contemplated by, the parties at the time of the conclusion of the settlement agreement;	(a)　「営業所」とは、当事者が二以上の営業所を有する場合には、和解合意の締結時に当事者双方が知り、又は想定していた事情に照らして、当該和解合意によって解決された紛争と最も密接な関係を有する営業所をいう。
(b) If a party does not have a place of business, reference is to be made to the	(b)　当事者が営業所を有しない場合には、その常居所を基準とする。

英　　文	和　　文
party's habitual residence.	
2. A settlement agreement is "in writing" if its content is recorded in any form. The requirement that a settlement agreement be in writing is met by an electronic communication if the information contained therein is accessible so as to be useable for subsequent reference.	2　和解合意が「書面」によるとは、当該和解合意の内容がその形式のいかんを問わず記録されていることをいう。和解合意が書面によるものでなければならないとの要件は、電子的な通信に含まれる情報が事後の参照のためにアクセス可能である場合には、当該電子的な通信によって満たされるものとする。
3. "Mediation" means a process, irrespective of the expression used or the basis upon which the process is carried out, whereby parties attempt to reach an amicable settlement of their dispute with the assistance of a third person or persons ("the mediator") lacking the authority to impose a solution upon the parties to the dispute.	3　「調停」とは、使用される表現又は手続が実施される根拠のいかんを問わず、紛争の当事者が、当該当事者に解決を強制する権限を有しない第三者（以下「調停人」という。）の支援を得て、当該紛争の友好的な解決を図る手続をいう。
Article 3　General principles	第三条　一般原則
1. Each Party to the Convention shall enforce a settlement agreement in accordance with its rules of procedure and under the conditions laid down in this Convention.	1　各締約国は、この条約に定める条件の下に、かつ、自国の手続規則に従って、和解合意を執行するものとする。
2. If a dispute arises concerning a matter that a party claims was already resolved by a settlement agreement, a Party to the Convention shall allow the party to invoke the settlement agreement in accordance with its rules of procedure and under the conditions laid down in this Convention, in order to prove that	2　当事者が和解合意によって解決されたと主張する事項に関して紛争が生ずる場合には、締約国は、当該当事者に対し、当該事項が既に解決されていることを証明するため、この条約に定める条件の下に、かつ、自国の手続規則に従って、当該和解合意を援用することを認めるものとする。

英　文	和　文
the matter has already been resolved.	
Article 4　Requirements for reliance on settlement agreements	第四条　和解合意の援用のための要件
1. A party relying on a settlement agreement under this Convention shall supply to the competent authority of the Party to the Convention where relief is sought:	1　この条約に基づいて和解合意を援用する当事者は、救済を求められた締約国の権限のある機関に対し、次に掲げるものを提出する。
(a) The settlement agreement signed by the parties;	(a)　当事者が署名した和解合意
(b) Evidence that the settlement agreement resulted from mediation, such as:	(b)　和解合意が調停によるものであることについての証拠（例えば、次に掲げるもの）
(i) The mediator's signature on the settlement agreement;	(i)　和解合意への調停人の署名
(ii) A document signed by the mediator indicating that the mediation was carried out;	(ii)　調停人が署名した文書であって、調停が実施されたことを明示するもの
(iii) An attestation by the institution that administered the mediation; or	(iii)　調停を運営した機関による証明書
(iv) In the absence of (i), (ii) or (iii), any other evidence acceptable to the competent authority.	(iv)　(i)から(iii)までに掲げるものが存在しない場合には、権限のある機関にとって受入れ可能なその他の証拠
2. The requirement that a settlement agreement shall be signed by the parties or, where applicable, the mediator is met in relation to an electronic communication if:	2　和解合意が当事者又は適当な場合には調停人により署名されたものでなければならないとの要件は、電子的な通信については、次のいずれにも該当する場合には、満たされるものとする。

英　　文	和　　文
(a) A method is used to identify the parties or the mediator and to indicate the parties' or mediator's intention in respect of the information contained in the electronic communication; and	(a)　当事者又は調停人を特定し、及び当該電子的な通信に含まれる情報に関する当該当事者又は当該調停人の意図を明示する方法が用いられていること。
(b) The method used is either:	(b)　用いられている方法が次のいずれかに該当すること。
(i) As reliable as appropriate for the purpose for which the electronic communication was generated or communicated, in the light of all the circumstances, including any relevant agreement; or	(i)　関連する合意を含む全ての状況に照らして、当該電子的な通信が生成され、又は伝達された目的に対して十分な信頼性を有すること。
(ii) Proven in fact to have fulfilled the functions described in subparagraph (a) above, by itself or together with further evidence.	(ii)　当該方法自体により、又は追加的な証拠と併せて、(a)に規定する機能を果たしていることが現に証明されていること。
3. If the settlement agreement is not in an official language of the Party to the Convention where relief is sought, the competent authority may request a translation thereof into such language.	3　和解合意が救済を求められた締約国の公用語によるものでない場合には、権限のある機関は、当該和解合意の当該公用語への翻訳文を求めることができる。
4. The competent authority may require any necessary document in order to verify that the requirements of the Convention have been complied with.	4　権限のある機関は、この条約に定める要件が満たされていることを確認するために必要な文書を求めることができる。
5. When considering the request for relief, the competent authority shall act expeditiously.	5　権限のある機関は、救済の請求を検討するに当たり、迅速に行動するものとする。
Article 5　Grounds for refusing to grant	第五条　救済の付与の拒否事由

英　　文	和　　文
relief	
1. The competent authority of the Party to the Convention where relief is sought under article 4 may refuse to grant relief at the request of the party against whom the relief is sought only if that party furnishes to the competent authority proof that:	1　前条の規定に基づいて救済を求められた締約国の権限のある機関は、当該救済が不利益に援用される当事者の要請により、当該当事者が当該権限のある機関に対し次のいずれかのことについての証拠を提出する場合に限り、救済の付与を拒否することができる。
(a) A party to the settlement agreement was under some incapacity;	(a)　和解合意のいずれかの当事者の行為能力に制限があったこと。
(b) The settlement agreement sought to be relied upon:	(b)　援用される和解合意が次のいずれかに該当すること。
(i) Is null and void, inoperative or incapable of being performed under the law to which the parties have validly subjected it or, failing any indication thereon, under the law deemed applicable by the competent authority of the Party to the Convention where relief is sought under article 4;	(i)　当事者が当該和解合意の準拠法として有効に指定した法令（その指定がなかったときは、前条の規定に基づいて救済を求められた締約国の権限のある機関が適用すべきものと判断した法令）によれば、無効であるか、失効しているか、又は履行不能であること。
(ii) Is not binding, or is not final, according to its terms; or	(ii)　当該和解合意の文言によれば、拘束力を有しないか、又は最終的なものでないこと。
(iii) Has been subsequently modified;	(iii)　事後に修正されたこと。
(c) The obligations in the settlement agreement:	(c)　和解合意における義務が次のいずれかに該当すること。
(i) Have been performed; or	(i)　既に履行されたこと。
(ii) Are not clear or comprehensible;	(ii)　明確でないか、又は理解可能でない

英　　文	和　　文
	こと。
(d) Granting relief would be contrary to the terms of the settlement agreement;	（d）　救済の付与が和解合意の文言に反すること。
(e) There was a serious breach by the mediator of standards applicable to the mediator or the mediation without which breach that party would not have entered into the settlement agreement; or	（e）　調停人が調停人又は調停について適用される規範に対する重大な違反を行い、かつ、当該違反がなかったとしたならば当該当事者が和解合意を締結することはなかったであろうこと。
(f) There was a failure by the mediator to disclose to the parties circumstances that raise justifiable doubts as to the mediator's impartiality or independence and such failure to disclose had a material impact or undue influence on a party without which failure that party would not have entered into the settlement agreement.	（f）　調停人がその公平性又は独立性に関して正当な疑念を生じさせる状況を当事者に開示せず、かつ、その不開示がなかったとしたならばいずれかの当事者が和解合意を締結することはなかったであろう重大な又は不当な影響を当該いずれかの当事者に与えたこと。
2. The competent authority of the Party to the Convention where relief is sought under article 4 may also refuse to grant relief if it finds that:	2　前条の規定に基づいて救済を求められた締約国の権限のある機関は、次のいずれかのことを認める場合においても、救済の付与を拒否することができる。
(a) Granting relief would be contrary to the public policy of that Party; or	（a）　救済の付与が当該締約国の公の秩序に反すること。
(b) The subject matter of the dispute is not capable of settlement by mediation under the law of that Party.	（b）　当該締約国の法令によれば、紛争の対象である事項が調停による解決が不可能なものであること。
Article 6　Parallel applications or claims	第六条　並行して行われる申立て又は請求
If an application or a claim relating to a settlement agreement has been made to	和解合意に関する申立て又は請求が裁判所、仲裁廷又はその他の権限のある機関に

英　文	和　文
a court, an arbitral tribunal or any other competent authority which may affect the relief being sought under article 4, the competent authority of the Party to the Convention where such relief is sought may, if it considers it proper, adjourn the decision and may also, on the request of a party, order the other party to give suitable security.	対して行われており、第四条の規定に基づいて求められた救済に影響を及ぼし得る場合において、当該救済を求められた締約国の権限のある機関が適当と認めるときは、当該権限のある機関は、決定を延期することができ、かつ、一方の当事者の要請に応じ、相当な担保を立てることを他方の当事者に命ずることができる。
Article 7　Other laws or treaties	第七条　他の法令又は条約
This Convention shall not deprive any interested party of any right it may have to avail itself of a settlement agreement in the manner and to the extent allowed by the law or the treaties of the Party to the Convention where such settlement agreement is sought to be relied upon.	この条約は、和解合意が援用される締約国の法令又は条約により認められる方法及び限度で関係当事者が当該和解合意を利用するいかなる権利をも奪うものではない。
Article 8　Reservations	第八条　留保
1. A Party to the Convention may declare that:	1　締約国は、次のことを宣言することができる。
(a) It shall not apply this Convention to settlement agreements to which it is a party, or to which any governmental agencies or any person acting on behalf of a governmental agency is a party, to the extent specified in the declaration;	(a)　当該締約国又はその政府機関若しくはその政府機関のために行動する者が当事者である和解合意について、その宣言に明示する限度において、この条約を適用しないこと。
(b) It shall apply this Convention only to the extent that the parties to the settlement agreement have agreed to the application of the Convention.	(b)　和解合意の当事者がこの条約の適用に合意した限度においてのみ、この条約を適用すること。

英　　文	和　　文
2. No reservations are permitted except those expressly authorized in this article.	2　この条において明示的に認められた留保を除くほか、いかなる留保も認められない。
3. Reservations may be made by a Party to the Convention at any time. Reservations made at the time of signature shall be subject to confirmation upon ratification, acceptance or approval. Such reservations shall take effect simultaneously with the entry into force of this Convention in respect of the Party to the Convention concerned. Reservations made at the time of ratification, acceptance or approval of this Convention or accession thereto, or at the time of making a declaration under article 13 shall take effect simultaneously with the entry into force of this Convention in respect of the Party to the Convention concerned. Reservations deposited after the entry into force of the Convention for that Party to the Convention shall take effect six months after the date of the deposit.	3　締約国は、いつでも留保を付することができる。署名の時に付された留保は、批准、受諾又は承認の時に確認されなければならない。当該留保は、それを付した締約国について、この条約の効力発生と同時に効力を生ずる。この条約の批准、受諾若しくは承認若しくはこの条約への加入の時又は第十三条の規定に基づいて行われた宣言の時に付された留保は、それを付した締約国について、この条約の効力発生と同時に効力を生ずる。この条約が自国について効力を生じた後に締約国が寄託する留保は、当該留保が寄託された日の後六箇月で効力を生ずる。
4. Reservations and their confirmations shall be deposited with the depositary.	4　留保及びその確認は、寄託者に寄託する。
5. Any Party to the Convention that makes a reservation under this Convention may withdraw it at any time. Such withdrawals are to be deposited with the depositary, and shall take effect six months after deposit.	5　この条約に基づく留保を付した締約国は、当該留保をいつでも撤回することができる。その撤回は、寄託者に寄託され、その寄託の後六箇月で効力を生ずる。
Article 9　Effect on settlement	第九条　和解合意への効力

英　　文	和　　文
agreements	
The Convention and any reservation or withdrawal thereof shall apply only to settlement agreements concluded after the date when the Convention, reservation or withdrawal thereof enters into force for the Party to the Convention concerned.	この条約及び留保又はその撤回は、関係する締約国についてこの条約、当該留保又は当該撤回が効力を生じた日の後に締結された和解合意についてのみ適用する。
Article 10　Depositary	第十条　寄託者
The Secretary-General of the United Nations is hereby designated as the depositary of this Convention.	国際連合事務総長は、ここに、この条約の寄託者として指名される。
Article 11　Signature, ratification, acceptance, approval, accession	第十一条　署名、批准、受諾、承認及び加入
1. This Convention is open for signature by all States in Singapore, on 7 August 2019, and thereafter at United Nations Headquarters in New York.	1　この条約は、二千十九年八月七日にシンガポールにおいて、その後はニューヨークにある国際連合本部において、全ての国による署名のために開放しておく。
2. This Convention is subject to ratification, acceptance or approval by the signatories.	2　この条約は、署名国によって批准され、受諾され、又は承認されなければならない。
3. This Convention is open for accession by all States that are not signatories as from the date it is open for signature.	3　この条約は、署名のために開放した日から、署名国でない全ての国による加入のために開放しておく。
4. Instruments of ratification, acceptance, approval or accession are to be deposited with the depositary.	4　批准書、受諾書、承認書又は加入書は、寄託者に寄託する。
Article 12　Participation by regional	第十二条　地域的な経済統合のための機関

英　　文	和　　文
economic integration organizations	による参加
1. A regional economic integration organization that is constituted by sovereign States and has competence over certain matters governed by this Convention may similarly sign, ratify, accept, approve or accede to this Convention. The regional economic integration organization shall in that case have the rights and obligations of a Party to the Convention, to the extent that that organization has competence over matters governed by this Convention. Where the number of Parties to the Convention is relevant in this Convention, the regional economic integration organization shall not count as a Party to the Convention in addition to its member States that are Parties to the Convention.	1　主権国家で構成され、かつ、この条約が規律する特定の事項について権限を有する地域的な経済統合のための機関は、同様に、この条約に署名し、これを批准し、受諾し、若しくは承認し、又はこれに加入することができる。この場合において、地域的な経済統合のための機関は、この条約が規律する事項について権限を有する限度において、締約国の権利及び義務を有するものとする。この条約において締約国の数が関係する場合には、地域的な経済統合のための機関は、締約国であるその構成国に追加して締約国として数えてはならない。
2. The regional economic integration organization shall, at the time of signature, ratification, acceptance, approval or accession, make a declaration to the depositary specifying the matters governed by this Convention in respect of which competence has been transferred to that organization by its member States. The regional economic integration organization shall promptly notify the depositary of any changes to the distribution of competence, including new transfers of competence, specified in the declaration under this paragraph.	2　地域的な経済統合のための機関は、署名、批准、受諾、承認又は加入の時に、寄託者に対し、この条約が規律する事項であってその構成国により当該機関に権限が委譲されたものを明示する宣言を行う。地域的な経済統合のための機関は、この2の規定に基づく宣言に明示された権限の配分についてのいかなる変更（権限の新たな委譲を含む。）も、寄託者に速やかに通告する。
3. Any reference to a "Party to the	3　この条約において「締約国」又は

英　　文	和　　文
Convention", "Parties to the Convention", a "State" or "States" in this Convention applies equally to a regional economic integration organization where the context so requires.	「国」というときは、文脈により、地域的な経済統合のための機関についても同様に適用する。
4. This Convention shall not prevail over conflicting rules of a regional economic integration organization, whether such rules were adopted or entered into force before or after this Convention:	4　この条約は、次のいずれかの場合には、地域的な経済統合のための機関の規則（その採択又は効力発生がこの条約の前であるか後であるかを問わない。）であってこの条約と抵触するものに優先しない。
(a) if, under article 4, relief is sought in a State that is member of such an organization and all the States relevant under article 1, paragraph 1, are members of such an organization; or	(a)　第四条の規定に基づき当該機関の構成国であるいずれかの国において救済が求められており、かつ、第一条1の規定に関連する全ての国が当該機関の構成国である場合
(b) as concerns the recognition or enforcement of judgments between member States of such an organization.	(b)　当該機関の構成国間における判決の承認又は執行に関する場合
Article 13　Non-unified legal systems	第十三条　不統一な法制
1. If a Party to the Convention has two or more territorial units in which different systems of law are applicable in relation to the matters dealt with in this Convention, it may, at the time of signature, ratification, acceptance, approval or accession, declare that this Convention is to extend to all its territorial units or only to one or more of them, and may amend its declaration by submitting another declaration at any time.	1　締約国は、この条約で取り扱う事項に関してそれぞれ異なる法制が適用される二以上の地域をその領域内に有する場合には、署名、批准、受諾、承認又は加入の時に、この条約を自国の領域内の全ての地域について適用するか又は一若しくは二以上の地域についてのみ適用するかを宣言することができるものとし、いつでも別の宣言を行うことにより、その宣言を修正することができる。

英　文	和　文
2. These declarations are to be notified to the depositary and are to state expressly the territorial units to which the Convention extends.	2　1に規定する宣言は、寄託者に通告するものとし、この条約が適用される地域を明示する。
3. If a Party to the Convention has two or more territorial units in which different systems of law are applicable in relation to the matters dealt with in this Convention:	3　締約国がこの条約で取り扱う事項に関してそれぞれ異なる法制が適用される二以上の地域をその領域内に有する場合には、次のとおりとする。
(a) Any reference to the law or rule of procedure of a State shall be construed as referring, where appropriate, to the law or rule of procedure in force in the relevant territorial unit;	(a)　国の「法令」又は「手続規則」というときは、状況に応じ、関連する地域において効力を有する法令又は手続規則をいうものとする。
(b) Any reference to the place of business in a State shall be construed as referring, where appropriate, to the place of business in the relevant territorial unit;	(b)　国における「営業所」というときは、状況に応じ、関連する地域における営業所をいうものとする。
(c) Any reference to the competent authority of the State shall be construed as referring, where appropriate, to the competent authority in the relevant territorial unit.	(c)　国の「権限のある機関」というときは、状況に応じ、関連する地域の権限のある機関をいうものとする。
4. If a Party to the Convention makes no declaration under paragraph 1 of this article, the Convention is to extend to all territorial units of that State.	4　締約国が1に規定する宣言を行わない場合には、この条約は、当該締約国の全ての地域について適用する。
Article 14　Entry into force	第十四条　効力発生
1. This Convention shall enter into force six months after deposit of the third	1　この条約は、三番目の批准書、受諾書、承認書又は加入書の寄託の後六箇月で

英　　文	和　　文
instrument of ratification, acceptance, approval or accession.	効力を生ずる。
2. When a State ratifies, accepts, approves or accedes to this Convention after the deposit of the third instrument of ratification, acceptance, approval or accession, this Convention shall enter into force in respect of that State six months after the date of the deposit of its instrument of ratification, acceptance, approval or accession. The Convention shall enter into force for a territorial unit to which this Convention has been extended in accordance with article 13 six months after the notification of the declaration referred to in that article.	2　いずれかの国が、三番目の批准書、受諾書、承認書又は加入書の寄託の後に、この条約を批准し、受諾し、若しくは承認し、又はこれに加入する場合には、この条約は、当該国の批准書、受諾書、承認書又は加入書が寄託された日の後六箇月で当該国について効力を生ずる。この条約は、前条の規定に従ってこの条約が適用される地域については、同条に規定する宣言の通告の後六箇月で効力を生ずる。
Article 15　Amendment	第十五条　改正
1. Any Party to the Convention may propose an amendment to the present Convention by submitting it to the Secretary-General of the United Nations. The Secretary-General shall thereupon communicate the proposed amendment to the Parties to the Convention with a request that they indicate whether they favour a conference of Parties to the Convention for the purpose of considering and voting upon the proposal. In the event that within four months from the date of such communication at least one third of the Parties to the Convention favour such a conference, the Secretary-General shall convene the conference under the auspices of the United Nations.	1　いずれの締約国も、改正案を国際連合事務総長に提出することにより、この条約の改正を提案することができる。同事務総長は、締約国に対して改正案を直ちに送付するものとし、当該改正案についての審議及び投票のための締約国会議の開催についての賛否を同事務総長に示すよう要請する。その送付の日から四箇月以内に締約国の三分の一以上が会議の開催に賛成する場合には、同事務総長は、国際連合の主催の下に会議を招集する。

英　文	和　文
2. The conference of Parties to the Convention shall make every effort to achieve consensus on each amendment. If all efforts at consensus are exhausted and no consensus is reached, the amendment shall, as a last resort, require for its adoption a two-thirds majority vote of the Parties to the Convention present and voting at the conference.	2　締約国会議は、各改正案につき、コンセンサス方式により合意に達するようあらゆる努力を払う。コンセンサスのためのあらゆる努力にもかかわらず合意に達しない場合には、改正案は、その採択のため、最後の解決手段として、締約国会議の会合に出席し、かつ、投票する締約国の三分の二以上の多数による議決を必要とする。
3. An adopted amendment shall be submitted by the depositary to all the Parties to the Convention for ratification, acceptance or approval.	3　採択された改正は、寄託者が全ての締約国に対し批准、受諾又は承認のために送付する。
4. An adopted amendment shall enter into force six months after the date of deposit of the third instrument of ratification, acceptance or approval. When an amendment enters into force, it shall be binding on those Parties to the Convention that have expressed consent to be bound by it.	4　採択された改正は、三番目の批准書、受諾書又は承認書が寄託された日の後六箇月で効力を生ずる。改正は、効力を生じたときは、当該改正に拘束されることについての同意を表明した締約国を拘束する。
5. When a Party to the Convention ratifies, accepts or approves an amendment following the deposit of the third instrument of ratification, acceptance or approval, the amendment shall enter into force in respect of that Party to the Convention six months after the date of the deposit of its instrument of ratification, acceptance or approval.	5　いずれかの締約国が、三番目の批准書、受諾書又は承認書の寄託の後に、改正を批准し、受諾し、又は承認する場合には、当該改正は、当該締約国の批准書、受諾書又は承認書が寄託された日の後六箇月で当該締約国について効力を生ずる。
Article 16　Denunciations	第十六条　廃棄
1. A Party to the Convention may	1　締約国は、寄託者に宛てた書面による

英　　文	和　　文
denounce this Convention by a formal notification in writing addressed to the depositary. The denunciation may be limited to certain territorial units of a non-unified legal system to which this Convention applies.	正式の通告により、この条約を廃棄することができる。廃棄を行う締約国の法制が不統一のものである場合には、廃棄は、この条約が適用される当該締約国の領域内の地域のうち特定のものに限定して行うことができる。
2. The denunciation shall take effect 12 months after the notification is received by the depositary. Where a longer period for the denunciation to take effect is specified in the notification, the denunciation shall take effect upon the expiration of such longer period after the notification is received by the depositary. The Convention shall continue to apply to settlement agreements concluded before the denunciation takes effect.	2　廃棄は、寄託者がその通告を受領した後十二箇月で効力を生ずる。当該通告において廃棄の効力発生につき一層長い期間が指定されている場合には、廃棄は、寄託者が当該通告を受領した後その一層長い期間が満了した時に効力を生ずる。この条約は、廃棄が効力を生ずる前に締結された和解合意については、引き続き適用する。
DONE in a single original, of which the Arabic, Chinese, English, French, Russian and Spanish texts are equally authentic.	ひとしく正文であるアラビア語、中国語、英語、フランス語、ロシア語及びスペイン語により原本一通を作成した。

一問一答 新しい仲裁・調停法制

2024年7月15日　初版第1刷発行

編 著 者　　福 田　　敦

発 行 者　　石 川 雅 規

発 行 所　　株式会社 商 事 法 務
　　　　　　〒103-0027 東京都中央区日本橋 3-6-2
　　　　　　TEL 03-6262-6756・FAX 03-6262-6804〔営業〕
　　　　　　TEL 03-6262-6769〔編集〕
　　　　　　https://www.shojihomu.co.jp/

落丁・乱丁本はお取り替えいたします。　　　　印刷／大日本法令印刷
© 2024 Atsushi Fukuda　　　　　　　　　　　Printed in Japan
　　　　　　　　　　　　　Shojihomu Co., Ltd.
　　　　　　　ISBN978-4-7857-3114-4
＊定価はカバーに表示してあります。